渡辺有子の家庭料理

季節ごとの覚え書きとレシピ

家庭料理のよさは、その家ごとの味があること。
母から受け継いだ味を
自分なりにくふうして変化させてみたり、
家族の好みを取り入れて、もうひとつの定番にしたり。
日々の料理が、少しのくふうで
また新たな家庭料理となっていく。
固定観念を取り払って
自由な気持ちでごはんを作ったら、
家庭料理はもっと楽しくなると思うのです。
日々、料理をして
今までとは違う新鮮な味に出会う楽しさ、
旬のものを味わうウキウキとした気持ち、
家族で食卓を囲む喜びを
この本を通して感じてもらえたらうれしいです。

春

菜の花

菜の花と聞くと、春が近づいてきたなぁと、気持ちまで軽やかになります。春を告げる野菜や山菜の中で、最も早く出まわる菜の花。店先で見かけるとウキウキとした気分で手に取ります。青々とした中に独特の味わいとうま味があって、大好きな野菜です。通年、出まわる野菜が増えている中、この時季だけのお楽しみというものがあることはよいですね。ですから季節になると、「いまだけ、いまだけ」と唱えるように、せっせと食べることにしています。

先日、久々に和食の王道の、菜の花の辛子あえを作ったら、はまってしまい、それから何度となく作っています。鼻に抜ける菜の花の香りと、辛子の風味が好相性。やっぱり合うなぁ、としみじみ思います。

洋風でもおいしい菜の花。トマトと相性がいいので、鶏肉と菜の花をトマト煮にしても。パスタなら、ショートでもロングでも、どちらにも合います。ハムやマヨネーズとも相性がいいので、菜の花のサンドイッチもおいしいです。

菜の花は、洋風のほうがお得意？　いえいえ、そんなことはありません。私の一番好みの食べ方は、菜の花の蒸し寿司。肌寒い日も多い春先には、ほわんとほのかに温かい寿司飯と、菜の花のほろ苦さがたまらなくおいしいのです。ここまで蒸し寿司に向く青菜はそうそうないのでは？　と思うほど、取って代わるものが思い浮かびません。そうなのです、菜の花は、ほかにはない、独特のおいしさをもっています。個性がありながら、寛容さももちあわせています。旬のおいしさをぜひ、食卓へ。

菜の花の蒸し寿司

温かい蒸し寿司は
特別な味わい。
イクラは、お好みで。

材料（4人分）
菜の花…1束
イクラ…適量
白いりごま…10g
米…2合
水…360㎖
A 米酢…60㎖
きび砂糖…大さじ1
塩…小さじ1

1 米はといでざるにあげ、分量の水を加えて炊き、飯台に移す。
2 **A**を混ぜ合わせる。
3 **1**に**2**をまわしかけて、しゃもじで切るように混ぜ、うちわであおいで、つやのある寿司飯を作る。
4 菜の花は4等分の長さに切り、茎のかたい部分は縦半分に切る。蒸気の上がった蒸し器に茎から順に入れ、強火で2〜3分蒸す。ざるに広げて手早く冷まし、水気をしっかりきる。
5 **3**に、白いりごま、**4**を混ぜ、茶碗によそう。蒸気の上がった蒸し器に入れ、中火で10分ほど蒸す。
6 イクラを好みの量、散らす。

菜の花の辛子あえ

旬の間に、一度は
作ってほしい辛子あえ。
菜の花は、
水にさらして
シャキッとさせてから
使うのがおすすめです。

材料（3〜4人分）
菜の花…1束
アサリ（むき身）…70g
酒…大さじ2
A 練り辛子…小さじ1/4
　しょうゆ…大さじ1/2

1 菜の花は洗って水に放し、3等分の長さに切り、茎のかたい部分は縦半分に切る。蒸気の上がった蒸し器に茎から順に入れ、強火で2〜3分蒸す。ざるに広げて手早く冷まし、水気をしっかりきる。
2 アサリは塩水（分量外）で洗い、水気をきって小鍋に入れ、中火にかける。酒を加え、プリッとするまで火を通す。
3 **A**を混ぜ合わせる。
4 **1**、**2**を合わせ、**3**であえる。

サラダ

　春は、サラダをよく食べます。ムシャムシャと頬張る、といってもよいほど、たっぷりと。先日、訪れたパリでは、友人宅で毎朝、クレソン、マーシュ、チコリ、コリアンダーなど、味の濃い葉ものをたっぷりと食べ、サラダのおいしさに酔いしれました。どの野菜にも甘味、うま味がしっかりとあるので、シンプルにオイルとビネガー、粗塩だけで十分。サラダはシンプルの極み。旬の野菜、さらには季節感をダイレクトに味わえるのが魅力です。

　素材は葉ものに限りません。春から初夏にかけての野菜や豆を合わせてサラダにするのもおすすめ。スナップえんどうにグリーンピース、絹さや、さやいんげんと、少しずつトーンの違うグリーンだけを集めて色合いを楽しみます。

　食感と味のからみ方も大切です。私は、スナップえんどうやさやいんげんは、さやを開くことにしています。そうすると、平らになった部分や豆の周り、豆がどこかへいってしまったさやのくぼみに、調味料の味が着地します。さやが閉じたままだと、味はその上をスルリと通り越していってしまいます。それでは少し、もったいない。開くことで、食感も小気味よくなり、パクパクと食べられます。

使う調味料は、オイルとビネガーに粗塩が基本。市販のドレッシングは使いません。基本の調味料に、フレンチマスタードを加えたり、オイルをごま油にしたり。ビネガーは、米酢や赤ワインビネガー、バルサミコ酢など、素材によって使い分けます。塩気は、粗塩ではなくナンプラーやしょうゆにすることもあります。

できあいのドレッシングは手軽かもしれませんが、基本の調味料を自分で合わせたほうが、はるかにおいしさにつながります。そこに肉や魚をプラスしたり、果物を合わせたり。シンプルでありながら、組み合わせは無限です。そう、サラダは自由に、おおらかに！

モッツァレラと新豆のレモンサラダ

豆のさやをひらくと、
味がしっかりなじみます。
モッツァレラチーズは器の上でくずし、
オリーブオイルとあえて、いただきます。

材料(2人分)
スナップえんどう…8個
絹さや…18枚
さやいんげん…12本
グリーンピース…30g(正味)
モッツァレラチーズ…1個
レモン(国産)の皮…1個分
オリーブオイル…大さじ1・1/2
粗塩…適量

1 スナップえんどうと絹さやは、筋を取る。さやいんげんは、へたを取る。鍋に湯を沸かし、さやいんげんとグリーンピースは3分、スナップえんどうは2分、絹さやは1分茹で、ざるに広げて手早く冷ます。スナップえんどうとさやいんげんは、半分に裂いてさやを開き、水気をふく。

2 器に**1**を盛り、水気をきったモッツァレラチーズをのせる。レモンの皮をすりおろし、オリーブオイルをまわしかけて粗塩をふる。

牛肉とブルーベリーのハーブサラダ

しっかりと
ボリュームのあるサラダ。
力強く、香り高いので、
満足感があります。

材料（2人分）
ハーブのベビーリーフミックス
…大1パック
ブルーベリー…1パック
牛薄切り肉…150g
A ナンプラー…大さじ1・½
　赤ワインビネガー…大さじ1・½
B ハチミツ…小さじ2
　オリーブオイル…大さじ1
オリーブオイル…小さじ1
黒こしょう…適量

1 ベビーリーフミックスとブルーベリーは洗い、水気をしっかりきる。
2 **A**を混ぜ合わせる。
3 フライパンにオリーブオイルを入れて中火で熱し、牛肉を加えてざっと炒め、**2**の⅔量を加える
4 ボウルに**1**と、**3**を汁ごと入れ、**B**と**2**の残りをまわしかけ、黒こしょうをふる。

卵

少しずつ春めいてくるにつれ、寒くてかたまっていた体はもちろん、気持ちも和らいでいきます。淡い緑の野菜が店頭に並びはじめると、春だなぁと、しみじみします。春の明るい日差しとともに思い浮かべるのが、黄色。淡い緑と並んで、黄色も春らしい色のように思います。連想するのは、卵のもつ、やさしくて元気な色合い。卵に旬があるとしたら春、ということを聞いたことがありますが、これは、ニワトリも人間と同じように寒さから解放されて、体が和らぐからなのでしょうか。

卵は、冷蔵庫に常備している食材ナンバーワン。卵さえあれば、一品にもなるし、ボリュームアップにもひと役買ってくれます。私はシンプル料理の王道、茹で卵も大好きです。ただし、茹で時間が重要で、好みの茹で加減でないと、好物とはなりません。沸騰した湯に、室温にもどした卵を入れ、7分40秒茹でたものが、とても好み。そして、殻をむくからといってすぐ冷やしてしまっては、おいしさも半減。せっかく茹でたのですから、温かくなくては！　と思っています。多少の熱さをがまんして殻をむき、口にする時に湯気がほのかに立つくらいがベストです。

定番の卵料理も、かたさ、やわらかさで印象が変わります。たとえば茶碗蒸し。出汁の割合をどこまで多くできるか、と試してみたところ、しっとりあっさりだけれど、とろんとした舌触りの、なめらかな茶碗蒸しができました。こうなると、具は入れないほうがおいしいと感じ、あんをかけて仕上げるように。具なしあんかけ、これが、わが家の茶碗蒸しとなりました。

おなじみのスクランブルエッグは、短時間で仕上げるのではなく、じっくりゆっくり火を通すと（なんと20分も！）、卵が驚くほど濃厚になって、まるで"卵ソース"に。生クリームを煮つめたかのようなその濃厚さは、卵だけの味わいとは思えません。

あんかけ茶碗蒸し

なめらかな食感で、
しみじみと
やさしい味わいです。

材料（2人分）

卵…1個

A
かつお出汁（冷ましたもの）…200ml
みりん…小さじ1
薄口しょうゆ…小さじ½

塩…ふたつまみ

B
かつお出汁…150ml
みりん…小さじ½
薄口しょうゆ…小さじ½
塩…ひとつまみ

片栗粉…小さじ1・⅓（小さじ2・⅔の水で溶く）

穂じそ…適量

1 ボウルに卵を割りほぐし、**A**を加えてゆっくり混ぜる。こして、しばらくおいておく。

2 器に**1**を静かに注ぎ、ふたをする（またはアルミホイルをかぶせる）。

3 蒸気の上がった蒸し器の火をいったん止め、**2**を入れる。濡れぶきんで包んだ蒸し器のふたをしっかり閉じ、強火で1分、ごく弱火で25分ほど蒸す。

4 小鍋に**B**を入れて中火にかけ、ひと煮立ちしたら水溶き片栗粉をまわし入れてよく火を通し、とろみをつける。

5 **3**に**4**をかけ、穂じそを散らす。

グリーンピースのスクランブルエッグ

卵は、
ゆっくり火を入れると
こんなにも濃厚になるのかと
驚かされる一品。
同じく旬の
グリーンピースと合わせて。

材料（2人分）
卵…3個
グリーンピース…40g（正味）
塩…ひとつまみ
バター…15g

1 グリーンピースはかために塩茹でし、そのまま湯につけておく。
2 ボウルに卵を割りほぐし、塩を加え混ぜる。
3 フライパンにバターを入れて弱火で溶かし、**2**を流し入れる。木べらで混ぜながら15～20分かけて、ごく弱火でゆっくり火を通す。
4 **1**の水をきり、**3**に加え混ぜる。

おひたし

　おひたし、と聞くと「ほうれん草のおひたし」がすぐに思い浮かびます。母は、けっこうな頻度で「ほうれん草のおひたし」を食卓に出していました。私は、その小鉢料理がおひたしというものだと思っていましたが、それは本当のおひたしではありませんでした。だって、何にもひたっていないのですからねぇ。茹でたほうれん草の水気をしぼって、食べやすい長さに切ったものを小鉢にのせ、おかかをパラリ、しょうゆをまわしかけて「ハイ、おしまい」って、どういうことでしょう？　出汁は？　ひたす時間は？　と、ある時、気づいたのです。ただ、母が作っていたそれも、世間では「おひたし」として通っているのは事実。でも、「おひたし」なのですから、大いにひたそうではありませんか！

　出汁に塩味を利かせて野菜などをひたすと、澄んだ出汁が涼やかで、なんともきれいな一品に。おひたしは、茹でたり蒸したりしただけの野菜が、こんなにもおいしく麗しいものに変わるのかと思う料理です。冷たく、出汁のうま味が感じられる野菜は、春先から初夏、真夏にも、のどごしのよい、頼りになる常備菜となります。

野菜は切り方ひとつで、見た目も味のしみ具合も変わる、そんなところも、おひたしの楽しみのひとつ。春の淡い緑の野菜の断面を見せてひたしてみたり、甘味のあるフルーツトマトを丸ごとひたしてみたり、出汁に酸味を利かせてみたりと、面白さにあふれた料理だということがわかります。たとえば、かつお出汁に赤ワインビネガーを合わせて、オリーブオイルをひとふりすると、洋風のおひたしに、なんていうバリエーションも広がります。

おひたしは、シンプルで上品な料理なので、おもてなしにもいいいと思います。季節の野菜を前の晩からひたしておくと、素材の味わいをシンプルに楽しめるごちそうになります。

豆とアスパラのおひたし

グリーン一色で作る、
季節感のある、
さわやかなおひたしです。

材料（作りやすい分量）
さやいんげん…10本
絹さや…20枚
そら豆…6本
アスパラガス…3本
A かつお昆布出汁…220㎖
　薄口しょうゆ…小さじ1
　塩…小さじ⅓

1 さやいんげんはへたを、絹さやは筋を取り、そら豆はさやから出す。アスパラガスは茎のかたい部分を切り落として下から⅓をピーラーでむき、縦半分にしてから3等分の長さに切る。

2 蒸気の上がった蒸し器に、さやいんげんとそら豆を入れて1分半、アスパラガスを入れてさらに1分、絹さやを入れてさらに30秒蒸し、ざるに広げて手早く冷ます。そら豆は薄皮をむき、さやいんげんは斜め3等分に切る。

3 **A**を合わせる。

4 バットに**2**を広げ、**3**を注ぎ、冷蔵庫で2〜3時間ひたす。

トマトの洋風びたし

かつお出汁と
赤ワインビネガーは、
とてもよく合います。
フルーツトマトや
新玉ねぎの甘味と、
ビネガーの酸味が際立つ、
美しいひと皿です。

材料（作りやすい分量）
フルーツトマト…5個
新玉ねぎ…1個
A かつお出汁…200㎖
赤ワインビネガー…大さじ1・½
きび砂糖…小さじ½
塩…小さじ1弱
オリーブオイル…小さじ1
黒こしょう…適量

1 フルーツトマトはへたを取り、湯むきをする。新玉ねぎは12等分のくし切りにし、2分ほど茹でて、ざるにあげる。
2 **A**を合わせる。
3 バットに**1**を広げ、**2**を注ぎ、冷蔵庫で2〜3時間ひたす。
4 器に**3**を盛り、黒こしょうをふる。

千切り野菜

野菜は切り方によって食感や味、香りまで変わります。太く切ったり薄く切ったりということもあるのですが、今回は千切り。細く、薄く切ることでどういう楽しみ方ができるかということを考えてみたいと思います。

まずわかりやすいのは、繊維に沿って縦に切るのと、繊維を断って横に切るのとの違いです。玉ねぎを繊維に沿って薄切りにすると火が入ってもシャキシャキ感が残りやすい。繊維を断って薄切りにすれば、早く、くったりと火が通ります。

では、キャベツはどうでしょう。揚げものに千切りキャベツをたっぷり添えて、ソースをかける。時に、主役の揚げものよりもキャベツを食べたい気持ちになります。皆さんはキャベツの千切りの向きを気にして切っていますか？　繊維に沿って切れば、シャキシャキと歯ごたえ重視。繊維を断って切ると、ふわふわとやわらかな仕上がりに。その２つをミックスして両方の食感を味わうのも面白いですね。また、キャベツとレタスの千切りを合わせてもおいしいです。野菜を細く、薄く切ることは食感に大きく関わります。よく切れる包丁で薄切りや千切りにすると舌触りや歯ごたえがよく、あぁ、切り方も味のうちなのだと強く感じます。

次にゴボウやニンジン、セロリなど、千切りにするとおいしい野菜を合わせてきんぴらにしてみます。うま味と土の力強さがあるやわらかなゴボウ、甘くみずみずしいニンジン、鼻に抜ける香りがさわやかなセロリ。食感はしっかり、しっとり、シャッキシャキ。それぞれ味や香り、食感の主張をきちんとしつつも、千切りにすることで一体感が生まれます。その一体感を生かそうとすると、味つけも変わってきます。それぞれの繊細な味や香りを感じられるように、極力あっさりと薄味に。それだけで十分。味を決めるのは調味料だけではなく、切り方も大きく作用していることに気づくようになると、料理をする時に素材との向き合い方が変わります。

千切り野菜たっぷりの海老フライ

カラリと揚げた海老フライに、
レタスとキャベツ、
ダブルの千切り野菜を合わせた、
サラダ感覚の一品。
タルタルソースや
中濃ソースを贅沢につけて
いただきます。

材料（3〜4人分）
レタス…2枚
キャベツ…2枚
海老…中10尾
茹で卵…2個
A マヨネーズ…大さじ4
レモンの皮（細かく刻む）
…1/2個分
塩…2つまみ
白こしょう…適量
B 薄力粉…適量
溶き卵…1個分
パン粉…適量
塩、黒こしょう…各適量
揚げ油…適量
中濃ソース…適量

1 レタス、キャベツは縦半分に切り、繊維を断つように千切りにする。ボウルに入れ、ざっと合わせる。

2 茹で卵は白身と黄身に分け、黄身はボウルに入れてつぶし、白身は細かく刻んでから加える。Aを入れて混ぜ合わせ、タルタルソースを作る。

3 海老は殻をむいて背わたを取り除き、塩水(分量外)で洗って水気をふく。塩、黒こしょうをふり、Bを順につける。中温に熱した油で色よく揚げ、油をしっかりきる。

4 1に3を加えてざっと混ぜ、器に盛る。2と中濃ソースを添える。

春の千切りきんぴら

春になると店先に並ぶ、やわらかな根菜を使ったおかず。千切りにすることで、繊細な味わいが引き立ちます。

材料(4人分)

新ごぼう … 1/2本
春ニンジン … 大1本
セロリ … 1本
A みりん … 大さじ1
　しょうゆ … 小さじ2
　塩 … 適量
ごま油 … 大さじ1

1 新ごぼう、春ニンジン、セロリはそれぞれ6㎝の長さの千切りにする。新ごぼうは酢水(分量外)にさらし、水気をきる。

2 フライパンにごま油を入れて中火で熱し、新ごぼう、春ニンジン、セロリを順に加えながら炒め、Aで味をととのえる。

小鍋立て

「小鍋立て」という言葉、あまり聞き慣れないかもしれません。江戸時代が始まりのようです。当時の鍋というと、囲炉裏で大鍋、というのがいかにもおいしそうですが、座敷で火鉢の上で食べる小鍋、なんていうのも、いかにも粋。「小鍋立ては、粋でなくちゃいけない」と教えてくれたのは、作家の佐藤隆介さんです。佐藤さんはかつて、池波正太郎の書生だった方。雑誌の企画で佐藤さんとご一緒したのが、この料理との出合いでした。小鍋立てについてじっくりと教えていただき、それを踏まえて、さまざまなレシピを作ったのを覚えています。

鍋というと、あれもこれもと入れてしまいがちですが、小鍋立ては、2〜3種類の素材で作ります。旬のもの同士や好相性のもの、食感の違いを楽しむもの、うま味を出すものと吸収するもの、など。組み合わせの妙といいますか、腕が試されます。佐藤さんいわく、「小鍋立ては、お酒を飲みながら男女でしっぽりと」というのがいいらしい。「たくさん食べるものでもない」とのことでしたが、家庭料理ですからねぇ……。

でも、この出合いをきっかけに、2〜3種類の素材で、というのは鍋をする時の定番になりました。あまりいろいろ入れすぎると、雑多な味になってしまいます。その点、素材本来の味を感じつつ、すっきりと味わえる小鍋立ては、本当においしい。食卓で熱々の汁ものをいただく感覚です。

あっさり味もあれば、少量だからこそ濃い味わいも成立します。旬のハマグリのうま味をシンプルに味わう鍋や、肉団子とレタスに、しょうゆ味のスープなんていうのも面白い。素材の組み合わせと、味のバランス——小鍋立ては素材遊びだなぁと思います。

ハマグリと春キャベツの小鍋

汁ものとして
楽しめる一品。
ハマグリのうま味を
存分に味わいながら、
そのうま味を吸った
やわらかな春キャベツを
いただきます。

材料（2人分）
ハマグリ…8個
春キャベツ…2枚
長ねぎ…1本
A 水…500㎖
昆布…2㎝角1枚
B 酒…大さじ2
塩…適量

1 ハマグリは海水程度の塩水（分量外）につけ、砂抜きをする。小鍋に**A**を入れ、20分ほどおいておく。

2 春キャベツは8㎝の長さの千切りにして水にさらし、ざるにあげる。長ねぎは8㎝の長さに切って縦に切り開き、芯を取る。さらに縦に千切りにして冷水にさらし、パリッとしたら水気をきって白髪ねぎにする。

3 **1**の小鍋にハマグリを加え、ふたをして弱めの中火にかける。ハマグリの口が開いたら**B**、**2**を加え、さっと火を通す。

肉団子とレタスの小鍋

ニンニクを利かせた
パンチのある肉団子は、
レタスに合います。
食べごたえがある鍋。

材料（2人分）
豚ひき肉…240g
キクラゲ（乾燥）…4g
長ねぎ…1本
レタス…3〜4枚
ニンニク…½片
A
溶き卵…½個分
酒…小さじ1
しょうゆ…小さじ½
きび砂糖…小さじ½
片栗粉…小さじ½
水…500mℓ
B
酒…小さじ1
しょうゆ…大さじ1
きび砂糖…小さじ1
塩…少々
ごま油…小さじ1
塩、黒こしょう…各適量

1 キクラゲは水かぬるま湯でもどし、水気をきって細切りにする。長ねぎは斜め薄切りに、レタスは食べやすい大きさにちぎる。

2 ボウルに豚ひき肉を入れ、塩、黒こしょうを加え混ぜる。**A**、キクラゲ、片栗粉を順に加えるごとに練り、丸めて8個の肉団子を作る。

3 フライパンにごま油とつぶしたニンニクを入れて中火で熱し、香りがしてきたら**2**を入れ、強火で表面を焼く。ニンニクは取り出す。

4 小鍋に分量の水と、長ねぎを入れてひと煮立ちさせ、**B**を加える。**3**を入れて中火で火を通し、仕上げにレタスを加える。

お弁当

　お弁当は夢でした。末っ子だった私は、兄姉が幼稚園や小学校の遠足にお弁当を持っていくのがうらやましくて、しかたがありませんでした。私の分も作ってもらって、お昼に食べるのが大好きで、お弁当箱を眺めては「早くお昼にならないかなぁ」と、待ち遠しく感じていたのを覚えています。しんなりした春巻きも、しっとりした海苔も、味がなじんだ煮ものも、ごちそうに思えました。その時に感じたウキウキ感は、いまも同じ。**いつものおかずを、お弁当箱に詰めるだけで、たちまち特別なお昼になるのです。**

　とくに原稿書きの日は、朝、お弁当箱におかずを詰めておくと、昼ごはんを用意する時間もとらなくてすみますし、「お昼までに、ここまでがんばろう！」なんていうふうに区切りをつけることができて、原稿がはかどる気がします。温かいお茶を淹れ、背筋を伸ばして「いただきます」と手を合わせ（ふだんはしないのに、お弁当箱を前にすると、なぜかそうしてしまうのです）、ゆっくり味わって食べます。自分で作ったものだから味はわかっているはずなのに、「おいしいなぁ」としみじみとします。料理はできたてが一番と思っていますが、お弁当は特別。なじんだ味がとてもおいしく、冷たいはずなのに温かみすら感じます。

お弁当は、時間がたってから食べるものだから、傷みにくいよう味を少し濃いめに、とよくいわれますが、私はそうは思っていなくて、いつも通りの味つけにしています。味がなじんでおいしいもの、ということは考慮しますが、薄味でも十分おいしいのです。気をつけるのは、汁けがあるものは避け、味が移らないよう隣に詰めるものを決めて、色合いを少し気にすることくらい。いつものおかずがキュッと詰まっているだけでも、なんだかしみじみおいしい。それで十分なほど、お弁当には夢があると思うのです。

混ぜごはん

お弁当は、
曲げわっぱに
詰めることが多いです。
ごはんの水分を適度に吸収し、
おいしくなります。
奈良漬けやキュウリの食感もよく、
冷めてもおいしい混ぜごはん。
どんなおかずにも合います。

材料（2人分）
ごはん… 茶碗2杯分
A 奈良漬け… 20g
キュウリ… 1/2本
しょうが… 2片
白いりごま… 小さじ2

1 **A**はすべて、みじん切りにする。
2 ごはんに、**1**と白いりごまを加え混ぜ、弁当箱に詰める。

出汁巻き卵

お弁当には欠かせない、
王道のおかずです。
甘さは控えめですが、
しみじみとおいしい一品。

材料（作りやすい分量）
卵… 3個
A かつお出汁… 大さじ3
酒… 小さじ3/4
しょうゆ… 少々
きび砂糖… 小さじ1・1/2
塩… 少々
米油… 適量

1 ボウルに卵を割りほぐし、**A**を加え混ぜる。
2 フライパンに米油を入れて中火で熱し、**1**を1/4量ほど流し入れ、菜箸で向こう側から巻いていく。巻いた卵を向こう側に寄せ、あいた部分に米油を少し足して熱し、ペーパーで余分な油をふいて、**1**を同量流し入れる。巻いた卵の下にも流し、さらに巻いていく。残りもこれを繰り返す。
3 冷ましてから食べやすい大きさに切り、適量を弁当箱に詰める。

豚肉の甘辛揚げ焼き

焼きタケノコの梅あえ

セロリのおかかあえ

出汁巻き卵

豚肉の甘辛揚げ焼き

多めの油で焼いた豚肉の
カリッとした
食感がたまりません。

材料(2人分)

豚ロース肉(しょうが焼き用)…4枚(約80g)

A みりん…小さじ2
しょうゆ…小さじ1

片栗粉…適量
米油…適量
穂じそ…適宜

1 豚肉は4～5等分に切り、**A**を軽くもみ込み、20分ほどおく。

2 **1**に片栗粉をまぶす。フライパンの全体にいきわたる量の米油を注いで中火で熱し、豚肉を焼き色がつくまで揚げ焼きし、油をきる。

3 冷ましてから弁当箱に詰め、あれば穂じそを添える。

セロリのおかかあえ

箸休めになるさっぱりとした一品。
削り節であえると
水分が出にくくなります。

材料(2人分)

セロリの茎…1/2本
ラディッシュ…3個
塩…少々

A 酢…小さじ1
きび砂糖…小さじ1/4

削り節…1g

1 セロリは筋を取り、斜め薄切りにする。ラディッシュは薄い輪切りにする。

2 ボウルに**1**を入れ、塩をふってなじませる。**A**を加え混ぜ、水気をきって削り節を加え、あえる。

3 水気をきり、弁当箱に詰める。

焼きタケノコの梅あえ

梅干しを調味料として使います。
カリッと焼いたタケノコに、
梅と海苔の風味がよく合います。

材料(2人分)

タケノコ(水煮、先のほう)…60g
梅干し…1/2個
焼き海苔…1/3枚
ごま油…小さじ1

1 タケノコは縦4～6等分に切る。フライパンにごま油を入れて中火で熱し、タケノコを2～3分弱火で焼く。

2 ボウルに**1**、ほぐした梅干しを入れてあえ、焼き海苔を手でもんで細かくして加え、ざっとあえる。冷ましてから弁当箱に詰める。

夏

そら豆

そら豆は、とにかく好きな豆です。子どもの頃から、そら豆が店に並ぶ時季には敏感で、その短い旬を楽しみにしていたことを覚えています。当時は塩茹でしたそら豆しか知りませんでしたから、私の中ではそれがこの世で一番おいしいものとして位置づけられていました。もしかしたら、そら豆は独特な香りや食感があるのでちょっと苦手、という人もいるかもしれませんね。でも、苦手だったものでも、大人になったらおいしいと思えるようになる食べ物もあるので、もし食わず嫌いだとしたら、ぜひ試してみてほしいです。熱々のホクホク感と、青々とした味わいは、そら豆ならではのおいしさですから。

塩茹でした熱々を頬張るのももちろんおいしいですが、少しだけ、そら豆を料理してみましょう。下ごしらえでは、表面の薄皮まできちんとむきます。その作業は正直、大変ですが、それを乗り越えると新しいおいしさに出合えます。過保護なほどふかふかの白い綿《わた》のさやだけでなく、薄皮までむかれるなんて、そら豆にとっては身ぐるみはがされた気分でしょうね。薄皮をむいて、粉で薄衣をつけたり、春巻きの皮で巻いて揚げると、そのホクホク感はもう最高。油との相性もいいのです。

独特な香りをもつそら豆には、やはり香りのあるものがよく合います。パルミジャーノレッジャーノやブルーチーズなど、香りの強いチーズとも相性抜群。旬の短いそら豆を、ぜひ大人な気分で味わってみてください。

そら豆のクミン風味揚げ

そら豆は
鮮度が大事なので、
ぜひ、さやつきを
選んでください。
揚げることで、
そら豆ならではの香り、
おいしさを
封じ込めています。

材料（2人分）
そら豆（さやつき）… 8本
A
上新粉… 大さじ1
薄力粉… 大さじ1
クミンパウダー… 小さじ1
冷水… 大さじ1
揚げ油… 適量
粗塩… 適量

1 そら豆はさやから出し、薄皮をむく。

2 小さめのボウルに**A**を入れ、分量の冷水を注ぎ、ざっと混ぜる。

3 小さめの鍋かフライパンで、揚げ油を中温に熱する。**2**に**1**をくぐらせ、両面、衣がカリッとなるまで強火で揚げる。油をきり、粗塩をふる。

そら豆のパスタ

手打ちパスタと
そら豆、チーズが
からみ合い、
あとをひくおいしさ。
チーズは、
たっぷりかけて
どうぞ。

材料（2人分）
そら豆（さやつき）… 10本
強力粉 … 80g
卵 … 1個
パルミジャーノレッジャーノ … 適量
オリーブオイル … 適量
粗塩 … 適量

1 ボウルに強力粉を入れて中央にくぼみを作り、卵を割り入れる。手で粉と卵をなじませ、まとまったら打ち粉（分量外）をした台にのせ、しっとりなめらかになるまで10分ほどこねる。生地を丸めてボウルをかぶせ、30分以上休ませる。

2 そら豆はさやから出し、薄皮をむく。

3 **1**を麺棒で1㎜の厚さにのばし、ナイフで小さめのひと口大に切る。

4 鍋にたっぷりの湯を沸かし、塩（分量外）を加える。**3**を入れ、ひと呼吸おいて**2**を加えて、3分ほど茹で、水気をきる。

5 温めた器に**4**を盛り、オリーブオイルとパルミジャーノレッジャーノをたっぷりかけ、粗塩をふる。

トマト

最近は、種類もサイズも豊富なトマト。カットしてそのまま食べるのはもちろんですが、私は火を通して使うことも多いです。トマトのうま味や甘味が増して、味わいに深みが出ます。隠し味程度に加えるだけでも料理に広がりが出て、トマトの奥深さを感じます。

以前、イタリア料理のシェフが「トマトを使えば、たいていの料理はおいしくなる」なんてことをいっていましたっけ。たっぷりのトマトをひき肉と炒めると、トマトがソースのようになって、うま味がアップ。トマトの甘味と酸味は、甘味噌やピリリと辛い調味料ともよく合います。また、トマトと卵、といったシンプルな炒めものも、奥深い味わいが加わって感動ものです。

ミニトマトは、とくに甘味が凝縮されています。加熱すると、トマトの出汁といえるほど、うま味を感じます。最近よく作っているオープンサンドにも、ミニトマトは欠かせません。鉄のフライパンを強火で熱してミニトマトを一気に焼き、香ばしく焼いたパンにのせてレモンとオリーブオイルをかければ、白ワインがほしくなるひと皿になります。ミニトマトの出汁がしみ込んだパンは、まさに、ごちそうです。

身近なトマトのおいしさはもう、皆さんも十分、知っているはず。幅広く使えるトマトは、素材としてだけでなく、調味料としても使えます。ぜひ、そのまま食べるだけではなく、火を通した味の魅力も味わってほしいと思います。

トマトとしらすのオープンサンド

ミニトマトを焼いた
フライパンで
パンを焼くことで、
トマトのうま味を移します。
ニンニクで香りをつけて、
レモンでさわやかに
仕上げた、
夏らしい味わいです。

材料（2人分）
パン（サワーブレッド）のスライス…4枚
ミニトマト…24個
しらす…30g
ニンニク…½片
レモン（国産）果汁…小さじ2
レモン（国産）の皮…適量
オリーブオイル…適量
粗塩…適量

1 ミニトマトはへたを取り、よく熱したフライパンで強火で焼きつけ、端に寄せる。あいたところにオリーブオイルを加え、パンを並べて強火でこんがりと焼き、表面にニンニクの切り口をこすりつける。

2 器にパン、ミニトマト、しらすを順にのせ、オリーブオイル、レモン果汁をまわしかける。粗塩をふり、レモンの皮をすりおろしながら散らす。

豚ひき肉のトマト炒め

トマトと相性のいい
甜麺醤と合わせて、
ごはんに合う味わいに。
食欲がわく、
ボリュームのある
おかずです。

材料(2人分)
トマト(完熟)… 2個
豚ひき肉… 200g
ニラ… 4本
A ごま油… 小さじ2
しょうが… 1片
ニンニク… 小1/2片
B 酒… 小さじ2
甜麺醤… 大さじ1
粗塩… 適量

1 トマトはへたを取り8等分のくし切りにしてから、さらに横半分に切る。ニラは小口切りに、しょうがとニンニクはみじん切りにする。

2 フライパンに**A**を入れて中火にかけ、香りがしてきたら豚ひき肉を加えて強火でよく炒め、粗塩少々をふる。

3 ニラを加えてざっと炒めたら、**B**を入れて炒め、トマトを加える。トマトがくずれる手前まで炒め、粗塩で味をととのえる。

タコ

タコは、やわらかいものから、少し弾力のあるしっかりしたものまで、とても好みです。うま味があって、噛めば噛むほどに味わい深い。これはほかに替えがたく、代用が利かない素材だなぁと、食べるたびに思います。

火を通したタコは、なおのこと。オリーブオイルとの相性は、いわずもがなです。イタリア、スペイン、ポルトガル……オリーブオイルがおいしい地域は、タコもおいしい印象です。なぜなのかはわかりませんが、相性がいいことは間違いありません。

初夏になり、少しずつ暑さを感じるようになると、タコを食べたくなります。タコ料理の季節到来です。**オリーブオイルを使って、トマトやジャガイモといった、タコと相性のいい野菜を取り入れて作ります。**

よく作るのは、タコとトマトソースのクスクス。ホールトマトをじっくり煮つめて水分を凝縮させ、ピュレのようなソースにします。

水っぽいと、タコのうま味の行方が残念なことになってしまいます。一方、タコはあまり時間をかけて煮込まず、最後に加えるのがコツ。煮つまったトマトソースの中に、タコのうま味が解き放たれて、ソースが一気においしくなります。それをクスクスにのせて、うま味を吸わせます。このひと皿は、うま味がひしめき合ったような、おいしさ。夏に向かって元気になりたい時に、体にしっくりとくる、初夏のプレートです。

ほかにも、ジャガイモとタコをフレンチマスタードとケイパーであえたものや、タコのフリットも作りたくなります。初夏のタコ料理を存分に楽しみたいですね。

タコの辛いトマトソースとクスクス

タコのうま味が
凝縮したソースを、
クスクスに吸わせて。

材料（2人分）
茹でダコ…180g
トマト水煮（缶詰）…500g
A
オリーブオイル…大さじ2
ニンニク…1片
赤唐辛子…2〜3本
B
クスクス…70g
粗塩…小さじ1/3
オリーブオイル…大さじ1
熱湯…70mℓ
C
イタリアンパセリ…4本
グリーンオリーブ（種なし）…30g
塩…適量
黒こしょう…適量

1 タコは4cmの長さに切り、縦に薄切りにする。ニンニクはつぶす。イタリアンパセリは粗みじん切りに、グリーンオリーブは縦横半分に切る。
2 鍋に**A**を入れて弱火にかけ、香りがしてきたらトマト水煮を加える。時々混ぜながら30〜40分煮つめる。
3 ボウルに**B**を入れ、分量の熱湯を注いでラップをかけ、7分ほど蒸らす。**C**を加え、混ぜ合わせる。
4 **2**にタコを加えて20分ほど煮る。塩で味をととのえる。
5 器に**3**を盛り、**4**をかけ、黒こしょうをふる。

タコとジャガイモのケイパーあえ

タコ、ジャガイモ、ケイパーの組み合わせがたまりません。ミントを散りばめて、香りのよいひと皿に。

材料（4人分）
茹でダコ…120g
ジャガイモ…小4個
ケイパー…40g
ミント…1/4パック
フレンチマスタード…大さじ1
塩…適宜

1 ジャガイモは皮をむき、4等分に切って水にさらす。鍋にジャガイモと、たっぷりの水を入れ、竹串がすっと入るまで茹でる。水気をきって鍋にジャガイモをもどし入れ、弱火にかけて転がしながら水気をとばし、粉ふき芋にしたら、木べらなどで軽くつぶす。

2 タコは5㎜幅の薄切りに、ケイパーは粗めのみじん切りにする。ミントは葉の部分を摘む。

3 ボウルに**1**と**2**を入れ、フレンチマスタードを加えてざっと混ぜる。味をみて、足りなければ塩で味をととのえる。

枝豆

「夏といえば、枝豆」というほど、子どもの頃は毎日のように食卓に上っていた枝豆。昔は枝つきで売っていることが多かったので、その頃のお手伝いは、枝豆を枝からキッチンバサミで切り分けることでした。大きな鍋で茹で上げた熱々の枝豆を、ざるに広げて塩をパッパッとふり、台所の窓辺においておく母の一連の動作。さやからゆらゆらと上がった湯気が、熱気を帯びた外気と相まって……。その光景は、まさに夏の記憶として、いまでもはっきりと残っています。茹でたての枝豆を食べると、塩気のある茹で汁が、さやの中からチュッと出てきて、それが子ども心にたまらなくおいしく、つまみ食いがごほうびのようでした。

茹で上げただけの枝豆も極上のおいしさですが、青々しい豆感とうま味の強さを生かして、料理をしてみましょう。**枝豆の混ぜごはんは、塩味がよく合います。**干物を焼いて加えると味わいが深くなり、「暑くて、生魚を扱いたくない」と思う時季にぴったり。枝豆と合わせれば、栄養価もグッと上がります。ここに青じそやみょうが、しょうがなどの薬味をプラスすると、さっぱりとして食が進みます。おむすびにしても美味。

茹で上げた枝豆を、さやごと味つけすることもあります。塩味以外にも、しょうがやねぎを利かせて、しょうゆと酢の香味だれをからめても、細かく刻んだアンチョビと黒こしょうをからめても。変わり枝豆、とでもいったところでしょうか。

すりつぶして、あえ衣などにする「ずんだ」も好きです。「豆打」と書きます。まさに豆を打つ(つぶす)わけです。お餅や白玉にあえれば、定番のずんだ餅。フォカッチャの生地に混ぜ込んでもおいしい。パン生地との相性も、とてもよいと思います。サラダにそのまま加えるのもいいですが、少しつぶしてから加えると、全体がなじんで一体感が生まれます。粒のままか、ずんだにするかはお好みで。ナンプラーを使ったエスニックな味わいのサラダにもよく合います。

アジと枝豆の混ぜごはん

塩気の利いた、
夏の混ぜごはん。
枝豆の粒々とした
食感が大事なので、
つぶれないよう、
さっくりと
混ぜ合わせます。

材料（作りやすい分量）
枝豆（さやつき）…300g
アジの干物…1枚
しょうが…½片
米…2合
水…360mℓ
A 酒…小さじ2
　塩…小さじ1強
昆布…3cm角1枚
塩…適量

1 米はといで、ざるにあげる。鍋に米と分量の水を入れ、30分ほど浸水させる。

2 枝豆は塩をふり、軽くもむ。5分ほど茹で、ざるにあげて、さやから出す。しょうがはみじん切りにする。

3 アジは魚焼きグリルで焼いて、骨と皮を取り除き、身をほぐす。

4 **1**に**A**を入れてざっと混ぜる。昆布を加え、ふたをして強火にかける。噴いてきたら弱火にして、14分ほど炊く。火を止め、**2**、**3**を加えてふたをし、10分ほど蒸らしたら、さっくり混ぜ合わせる。

枝豆のエスニックサラダ

甘酸っぱくて、
香り豊かな
ボリュームのあるサラダ。
牛肉と枝豆の
味と食感の組み合わせ、
ミントの香りが
新鮮です。

材料（2〜3人分）
枝豆（さやつき）… 300g
牛薄切り肉 … 150g
赤玉ねぎ … ½個
バター … 5g
ナンプラー … 小さじ1
A きび砂糖 … 小さじ½
ナンプラー … 小さじ1
ライム果汁 … ½個分
ミント … ½パック
塩 … 適量

1 赤玉ねぎは繊維に沿って薄切りにして塩水（分量外）にさらし、ざるにあげて水気をしぼる。

2 枝豆は塩をふり、軽くもむ。5分ほど茹で、ざるにあげて、さやから出す。ボウルの中で軽くつぶし、**1**をのせる。

3 フライパンにバターを入れて中火で溶かし、牛肉を加えてさっと炒め、ナンプラーをふる。

4 **2**に、**3**を焼き汁ごとのせ、余熱で赤玉ねぎに火を通す。**A**を加え混ぜたら器に盛り、刻んだミントを散らす。

冷やし麺

ここ数年の夏の暑さは、尋常ではないように感じます。夏に食欲が落ちることはなかった私も最近は、食欲が出ないなぁと思うことがあります。

ツルン！　と、のどごしのよい冷たい麺は、夏の食事の強い味方。とくにお昼ごはんは、冷たい麺で済ませるということも多くなります。ただ、気をつけたいのは、麺だけで終わりにはしないこと。冷たい素麺を麺つゆだけでツルツル、というのでは、さすがに栄養面が気になります。ひと皿の麺料理の中に、夏らしい素材や味わいがあれば、食も進み、元気が出るのではないでしょうか。

私がよく作るのは、ミキサーにかけたトマトを麺つゆに加えてトマトスープのようにして食べる素麺。トマトとかつお出汁の相性もよく、そこに梅干しの酸味とオクラなどのねばねばが加わると、さらに食欲をそそられる、さっぱりとした麺料理ができ上がります。オクラをさっと茹でて包丁でたたくと、素麺とからまって、おいしくなります。オクラは、たたけばたたくほどねばりが出ます。ザクザクと切っただけよりも断然、オクラのよさが出ますから、ねばりが出るまでたたいてみてください。

夏の間は冷蔵庫や冷凍庫に、かつお出汁を常備しています。これは、料理をするのが面倒になることなく、さっと作れる小さなくふうです。

暑いからといって、食欲がない日ばかりとも限りません。夏だからこそ元気で食欲がある！　なんてこともありますね。そんな時は、ガツンと濃いめの味つけのものがおいしく感じられます。ニンニクやしょうが、ニラといった香味野菜をベースに、濃い味わいの肉そぼろを作って麺にからめる、あえ麺もおすすめです。肉そぼろも、作りおきしておくと便利。

さっぱりとガッツリ、どちらも夏においしい麺料理です。

オクラと梅のトマト素麺

食欲がない時は、
きりっと冷えた
素麺がおすすめ。
オクラ、梅干し、
青じそが、
食欲を刺激します。

材料（2人分）
素麺…2束
トマト（完熟）…3個
オクラ…12本
梅干し…2個
青じそ…2枚
A かつお出汁…200㎖
しょうゆ…小さじ2
塩…小さじ1
氷…適量

1 トマトは湯むきし、なめらかになるまでミキサーにかける。
2 **1**と**A**を合わせ、冷蔵庫で冷やす。
3 オクラは茹で、ざるにあげて水気をふき、ねばりが出るまで包丁でたたく。梅干しを加え、さらにたたいて混ぜる。
4 鍋にたっぷりの湯を沸かし、素麺を表示時間通りに茹でる。冷水にとって締め、水気をしっかりきる。
5 器に**2**を注いで氷を入れ、**4**を盛り、**3**とちぎった青じそをのせる。

豚肉とナッツの中華あえ麺

元気が出るニラを入れて。
よくあえてから、
どうぞ。

材料（2人分）
稲庭うどん（乾麺）… 140g
豚ひき肉 … 250g
ニラ … 10本
ピーナッツ … 40g
A ごま油 … 大さじ1・½
しょうが … 2片
ニンニク … ½片
B 甜麺醤 … 大さじ2
紹興酒 … 大さじ4
しょうゆ … 小さじ1
水 … 50mℓ
ごま油 … 少々

1 ニラは小口切りに、ピーナッツは粗めに刻む。しょうが、ニンニクはみじん切りにする。

2 フライパンにAを入れて強火で熱し、豚ひき肉を入れてよく炒め、ピーナッツを加え、さらに炒める。Bを加え混ぜ、水分がとんだらニラを加えてざっと火を通す。

3 鍋にたっぷりの湯を沸かし、稲庭うどんを表示時間通りに茹でる。冷水にとって締め、水気をしっかりきる。

4 器に**3**を盛り、**2**をのせて、ごま油をまわしかける。全体をあえながら、いただく。

梅干し

どんなに忙しくても毎年、梅干しを漬けます。完熟の梅を塩漬けして赤じそをもみ、さらに漬けて梅雨明けを待ち、ピカーン！ と太陽の光がまぶしいくらいの日を見計らって、土用干しをします。まだ漬けたことがない方は面倒だなんて思わないで、とても簡単なので、自家製の梅干しを作ってみてください。梅干しは、昔からずっと愛されつづけている、日本食を代表する食材。食欲のない時にも、体調をくずした時にも、薬のような役目を果たしてくれます。夏はとくに重宝する食材だと思います。

料理に使う梅干しは、塩と赤じそだけの、いたってシンプルなものが、おすすめ。酸っぱくて苦手という人は、そのまま食べるのではなく、料理に使ってみませんか？ 私は梅干しを調味料として使っています。塩気と酸味の絶妙なバランスは、ほかにはなく、これがいい塩梅なんですね。梅干しの種からは、いい出汁も出ます。スープに入れてもお米と一緒に炊いても、粉ふき芋などにからめても、いい塩梅の味わいが広がり、ただ酸っぱい、しょっぱい、という味だけではなくなります。種つきのまま丸ごと入れて火を通し、仕上げの時に種を取り除くことが、奥行きのある、いい味につながるポイントです。

梅干しを使った料理は、ジメジメと蒸し暑い日も、さっぱりすっきり味の効果で、箸がどんどん進みます。夏のお助け調味料として、梅干しをぜひ活用してみてください。

鶏と梅干しのスープ

梅の酸味と塩味が、
夏の疲れた体を
癒やしてくれる、
蒸し暑い日に
もってこいの
お助けスープです。

材料（2人分）
鶏もも肉…大1枚（約300g）
A
しょうが…1片
梅干し…2個
酒…小さじ2
水…500㎖
塩…適宜
芽ねぎ…適宜

1 鶏肉は余分な脂を取り除く。しょうがは薄切りにする。

2 鍋に分量の水を入れて沸かし、鶏肉と**A**を入れてふたをし、弱火で8分ほど蒸し煮にする。

3 火を止め、鶏肉を取り出して食べやすい大きさに手で裂く。鍋の中で梅干しを軽くつぶして味をつけ、足りなければ塩で味をととのえる。器に鶏肉、スープをよそう。好みで、1㎝の長さに切った芽ねぎをのせる。

梅粉ふき芋

鍋の中で梅干しをほぐしながら混ぜます。粉ふきになったジャガイモに梅干しがからみ、すりごまと相まって、シンプルな料理なのに、実に複雑な味わいになります。

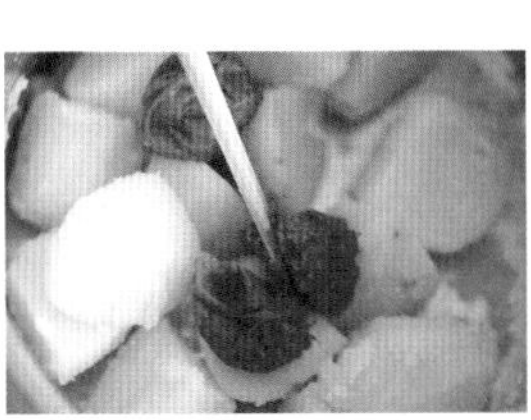

材料（2人分）
ジャガイモ… 3個
梅干し… 2個
白すりごま… 大さじ1

1 ジャガイモは皮をむき、4〜6等分に切って水にさらす。鍋にジャガイモと、たっぷりの水を入れ、竹串がすっと入るまで茹でる。水気をきって鍋にジャガイモをもどし入れ、弱火にかけて転がしながら水気をとばし、粉ふき芋にする。

2 **1**の鍋に梅干しを入れ、ほぐすように混ぜてから種を取り出し、白すりごまをまぶす。

カレー

夕暮れ時、通りかかった家からカレーの香りがすると、「今日は、うちもカレーにしよう」と、おなかも頭も、もうカレーのことしか考えられなくなってしまいます。香りからすでに食欲をそそる魅惑の料理ですが、自分でスパイスを配合してみたり、トマトの水分だけで作ってみたり、材料をあれこれ変えてみたりと、作る過程も楽しめるのがいいところ。市販のルーを使っても、それぞれの家にこだわりのポイントがあって、「わが家のカレー」というのができるのも、いいものですね。しょうゆを隠し味に使う人、ヨーグルトやチョコレートを入れる人など、コクやうま味を引き出すにも、それぞれの決まりがあるようです。

わが家では、玉ねぎをよく炒めるのはもちろん、ニンジンをすりおろして加え、スープにうま味をプラスします。肉はそのまま入れるのではなく、塩とカレー粉をまぶして、フライパンで焼きつけてから加えます。これも、おいしさにつながる秘訣です。

市販のルーを使わずに、スパイスで作るカレーも、サラリとしてスパイシーでおいしいもの。スパイスは、あれもこれもとなると大変なので（もちろん、たくさんのスパイスを調合するのも、カレー作りの醍醐味ですが）、なるべく少ないスパイスで、さっと作れたら、その手軽さも魅力です。数種類のスパイスがミックスされているカレー粉を使うのもいいと思います。また、骨つきの鶏肉を使うと、うま味が出ておいしく仕上がります。暑い日ほど、スパイシーなものが食べたくなります。今夜はカレーに決まり！　ですね。

わが家の基本のカレー

甘味のある、
懐かしい味わいのカレー。
すりおろした
ニンジンの甘さが、
おいしさの秘密です。

材料（作りやすい分量）
鶏もも肉…大1枚（約300g）
玉ねぎ…2個
ニンジン…大1本
ジャガイモ…2個
A 塩…適量
カレー粉…小さじ1
水…500㎖
カレールー（フレーク）…80g
太白ごま油（なければサラダ油）
…大さじ4＋大さじ1
ごはん…適量
らっきょう…適量

1 鶏肉は8等分に切り、**A**をまぶす。玉ねぎは縦半分にしてから、繊維を断つように薄切りにする。ニンジンの半量は5㎜幅の輪切りにし、残りはすりおろす。ジャガイモはひと口大に切り、水にさらす。

2 鍋に大さじ4の油を入れて中火で熱し、玉ねぎを入れ、とろりとするまでよく炒める。すりおろしたニンジンを加え、さらに炒める。

3 フライパンに大さじ1の油を入れて強火で熱し、鶏肉を入れ、両面の色が変わるまで焼いて取り出す。

4 **3**のフライパンで、輪切りのニンジンとジャガイモをざっと炒める。

5 **2**に**3**と分量の水を加え、中火にかける。ふつふつしてきたら**4**を加え、野菜がやわらかくなるまで弱火で煮る。いったん火を止め、ルーを入れて溶かし、再び弱火にかけて、こげないように時々混ぜながら20〜30分煮込む。

6 器にごはんを盛り、**5**をかけて、らっきょうを添える。

スパイスカレー

材料（作りやすい分量）
鶏骨つきぶつ切り肉…450g
トマト…3〜4個
A
玉ねぎ…2個
しょうが…大2片
ニンニク…2片
パプリカパウダー…小さじ1
B
カレー粉…小さじ1・1/3
粗塩…小さじ1
C
カレー粉…大さじ2
ローリエ…1枚
粗塩…適量
赤唐辛子…1本
水…200ml
太白ごま油（なければサラダ油）…大さじ4
バスマティライス…適量
ライム…適量

1 鶏肉に**B**をまぶす。
2 トマトは、ざく切りにする。玉ねぎは縦半分にしてから、繊維を断つように薄切りにする。しょうが、ニンニクはみじん切りにする。
3 鍋に油を入れて中火で熱し、**A**を入れてよく炒める。**1**と赤唐辛子を加えて炒め、トマトと分量の水を加える。沸騰したら火を弱める。
4 **C**を加え、こげないように時々混ぜながら1時間ほど煮込む。
5 器に、炊いたバスマティライスを盛り、**4**をかけ、ライムを添える。

骨から出汁が出るので、
ぶつ切り肉を使って。
パプリカパウダーは、
油で炒めて
香りを出します。
インドやパキスタン原産の
バスマティライスが合いますが、
もちろん日本のお米でも。

豆腐

　大豆製品は好きなものばかり。豆腐、油揚げ、厚揚げ、おから、豆乳、湯葉、味噌、しょうゆ、納豆、きな粉。どれも栄養豊かで身近な素材です。中でも豆腐は食卓の救世主。主菜にも副菜にもなり、助けてくれます。わが家の冷蔵庫にも常備され、いつでも出番を待っています。

木綿か絹かの好みは分かれるところですが、料理に使う時は、どのように仕上げたいかで使い分けることが大事です。炒めものには木綿。あえ衣にしたりスープに入れたりと、とろとろにする料理には絹ごし。

　そして、暑くなってくると、おいしそうだなぁと、つい贔屓《ひいき》にしてしまうのは、おぼろ豆腐です。もっとも、これは火を通すことはしません。火を通してしまってはもったいないほど大豆の味があり、しっかりと甘味を感じ、のどごしもよいので、そのまま食べるのがおすすめ。オリーブオイルと粗塩をかけるだけでも、ごちそうになります。

それから、夏によく作るのが、変わり白あえ。衣を絹ごし豆腐とカシューナッツで作ります。調味料は塩のみ。豆腐のディップといった感じで、あえ衣が主役の白あえです。また、冷熱のアンバランスを楽しむ料理もおすすめです。できたて熱々の肉味噌をのせる冷や奴は、豆腐が冷たいところがおいしさのポイント。この冷熱が癖になります。夏の豆腐は、つるりとのどごしを楽しみたいものです。

ジャージャー冷や奴

しょうがを利かせた
熱々の肉味噌と、
冷たい豆腐を
あえていただく、
夏にうれしいひと皿。

材料（2人分）
おぼろ豆腐…2丁
豚ひき肉…300g
A 長ねぎ…1/4本
しょうが…大1片
赤唐辛子…1本
甜麺醤…大さじ3
水…40mℓ
B しょうゆ…小さじ1
塩…適量
片栗粉…小さじ1/2
（小さじ1の水で溶く）
ごま油…大さじ1
木の芽…適量

1 長ねぎ、しょうがはみじん切りに、赤唐辛子は端を切って、種を取る。

2 フライパンにごま油を入れて中火で熱し、**A**を入れて炒め、香りがしてきたら豚ひき肉を加えて炒める。火が通ったら甜麺醤を加えてざっと炒め、分量の水を注ぎ、温めながら炒める。**B**、水溶き片栗粉を加え、とろみをつける。

3 器に豆腐を盛り、**2**をかける。手のひらでたたいた木の芽をのせる。

フルーツトマトの白あえ

カシューナッツが香る
あえ衣です。
食べる時に、
フルーツトマトと
混ぜながら
いただきます。

材料（2〜3人分）
絹豆腐…150g
フルーツトマト…2〜3個
A 米酢…小さじ1
ハチミツ…少々（小さじ1/6）
B カシューナッツ…30g
塩…小さじ1/3
オリーブオイル…少量

1 絹豆腐は、ひと晩、水きりをしておく。カシューナッツはフードプロセッサーで細かくくだく。

2 フルーツトマトはへたを取り、4等分のくし切りにする。バットに並べ、混ぜ合わせた**A**をまわしかける。

3 ボウルに**1**の豆腐を入れ、木べらなどでよく混ぜてから、**B**を加え混ぜる。

4 器に**3**を盛り、**2**をのせ、オリーブオイルをまわしかける。

酢

自他ともに認める酸味好きです。でも、目の覚めるような強い酸味は、少し苦手になってきました。酸味は、料理に深みと奥行きをもたらしてくれる、とても大事な要素。隠し味として作用してくれるほのかな酸味、ひと口食べたら広がるさわやかな酸味、キリッと引き締まる酸味。甘味と塩気にはない、味わいの幅広さを知ると、酸味って面白いものだなぁと感じます。

酸味といえば、お酢。一般的なのは米酢、穀物酢だと思いますが、ツン！　と酸味がきついものは料理にはやや使いづらいので、まろやかなものを選ぶようにしています。愛用している米酢は、京都の「千鳥酢」。味わいはしっかりとしていますが、酸味がほどよく、マイルドです。あえものやサラダには、いつもこれです。すし飯も上品に仕上がります。

マイルドな米酢で作りたいもののひとつに、ひたし豆があります。茹でた青大豆を、昆布と酢じょうゆに漬けたもの。これが後を引くおいしさで、常備しておくと、とても重宝します。炊きたての白いごはんにのせると、いくらでも食べられてしまいます。おつまみにしてもいいですし、あえものやサラダのトッピングにも、お弁当のすき間にも。何よりこのような酸味のある常備菜は、すっきりしない天候や暑さで食欲のない時、疲れた時に心強いもの。酸っぱさが体にしみわたります。

洋食に使い勝手のいいお酢は、赤ワインビネガーです。しっかりキリッとした味わいの赤ワインビネガーは、サラダやマリネにはもちろん、洋風の煮ものや炒めものにちょっと加えると、いい引き締め役となってくれます。カボチャの煮ものに加えると、パンにも合う洋風のカボチャ煮になります。甘ったるさのないキリッとした赤ワインビネガーを一本、もっておくといいと思います。ジメジメした季節は、すっきりさっぱり、酸味で元気に乗り切りましょう。

酢じょうゆのひたし豆

青じその風味で、
さわやかな仕上がり。
豆をひたしたまま、
冷蔵庫で1週間ほど
保存ができます。

材料（作りやすい分量）
青大豆（乾燥）… 200g
A 米酢 … 90㎖
薄口しょうゆ … 70㎖
昆布 … 5㎝角1枚
青じそ … 5枚

1 青大豆は、たっぷりの水にひと晩ひたして、もどす。
2 昆布、青じそは細かく切る。
3 **1**の水気をきって鍋に入れ、たっぷりの水を注ぐ。強めの中火にかけ、沸騰してから10〜15分、歯ごたえが残る程度に茹でる。ざるにあげ、温かいうちに**A**を混ぜ合わせたものに、ひたす。
4 冷めてから、青じそを加え混ぜる。

カボチャとレーズンのビネガー煮

パンに合う煮もの。
カボチャは、
少し煮くずれたほうが
おいしいです。
赤ワインビネガーは
手に入りやすい
「マイユ」のものを
使っています。

材料（2～3人分）
カボチャ…1/4個
玉ねぎ…1/2個
ミニトマト…6個
レーズン…30g
赤ワインビネガー…大さじ2・1/2
きび砂糖…大さじ2
塩…少々
水…60㎖
オリーブオイル…大さじ1

1 カボチャは4㎝角に切る。玉ねぎは縦半分にしてから、繊維を断つように薄切りにする。ミニトマトはへたを取る。

2 鍋にすべての材料を入れ、ふたをして弱めの中火で20分ほど煮る。途中、鍋底を返して全体をなじませる。

豚肉

豚肉は、部位によって魅力が違います。肩、もも、バラ……。そして、塊肉は存在感を放ち、薄切り肉もうま味が十分にあり、豚肉は偉大だなと感じます。料理の主役にも脇役にもなる食材です。

豚の脂が苦手な人も多いように思いますが、豚は脂がおいしいという人もいます。どちらの気持ちも、よくわかります。よい豚の脂はすーっと舌になじんで、たしかにおいしい。でも脂がしつこいと感じることがあるのも事実。それは年齢によるもの、という声も聞こえてきそうですが……。

常々、脂のうま味をほどよく引き立たせて料理したいと思っています。塊肉の料理で大事なのは、脂をどう生かすか、です。部位によっても印象が変わります。低温ローストは、ロースで作れば、かなりあっさりとした味わいになります。私はロースで作ることが多いのですが、肩ロースでもおいしい。肩ロースには、しっとりやわらかく仕上がるメリットがあります。その分、脂分が多いのですが、それごと味わうのも楽しみのひとつ。

薄切り肉は、さまざまな料理に使えます。私は一時、肉をあまり食べず、野菜中心の食事を続けていた時期がありました。肉は味を出すためだけに、煮ものや炒めものに、ほんの少し使うくらい。そんな時にも薄切りの豚肉は、いいうま味となって、力を発揮してくれました。

以前、ポルトガルを訪れた時のこと。豚肉とアサリを組み合わせた現地の定番料理を食べて、そのおいしさに驚きました。豚肉が、アサリのエキスを見事に吸収。おいしさがパワーアップしていることに、とても感動しました。豚肉料理は、無限の可能性を秘めているように感じたものです。

豚肉の低温ロースト

しっとりした焼き上がりで、肉のうま味を吸った野菜もおいしいです。ここではミニニンジンを使っていますが、好みの根菜を加えてみてください。

材料（作りやすい分量）
豚肩ロース塊肉 … 500〜600g
ミニニンジン … 適量
ニンニク … ½片
タイム … 2〜3本
オリーブオイル … 適量
粗塩 … 5〜6g

1 豚肉は室温にもどしておく。ニンニクは4〜5枚に薄切りにする。豚肉全体に粗塩をまぶし、たこ糸で巻く。肉の表面に切り目を入れてニンニクを差し込み、タイムをのせる。ミニニンジンは洗い、皮つきのまま、縦半分に切る。

2 オーブンを140℃に温める。天板に**1**をのせ、オリーブオイルをかけて1時間焼く。220〜250℃に温度を上げ、さらに10分焼く。豚肉を取り出し、アルミホイルに包んで30分ほど休ませる。

3 豚肉を薄く切り、ミニニンジンとともに器に盛り、粗塩少々（分量外）をふる。

豚肉とアサリ蒸し

豚肉とアサリは好相性。
スタミナがつくので、
暑い時季のおかずや
おつまみにおすすめです。
青唐辛子で
ピリッとさわやかな
辛味を利かせました。

材料(2〜3人分)
豚ロース肉(ステーキ用)
…2枚(250g)

A
アサリ(殻つき)…250g
ジャガイモ…小4個
ドライいちじく…大2個
イタリアンパセリ…2本
白ワイン…大さじ2

B
オリーブオイル…小さじ2
ニンニク…1片
青唐辛子…1本

粗塩…適量
黒こしょう…適量

1 アサリは海水程度の塩水(分量外)につけ、砂抜きをする。豚肉は5〜6等分のそぎ切りにし、粗塩を軽くふる。ジャガイモはよく洗い、皮つきのまま半分に切り、かために下茹でする。ドライいちじくは4〜6等分に、イタリアンパセリは葉の部分を摘み、粗めのみじん切りにする。ニンニクは2㎜幅の薄切りに、青唐辛子は小口切りにする。

2 鍋にBを入れて弱火にかけ、香りがしてきたら豚肉を入れ、中火でさっと炒める。Aを加えてふたをし、アサリの口が開くまで蒸し、黒こしょうをふる。

ナス

なじみのあるナスですが、夏から秋にかけてはとくに種類も豊富で、食卓に上る回数も増えます。なんといっても、油との相性が抜群。「こんなに油を吸うの?」と驚きますが、そこは、おいしさへつながる道ですから、たっぷりと吸わせてあげましょう。

皮に細かく切り目を入れるのは、味がしみやすくするためですが、やはり入れるのと入れないのとでは、味わいが大きく変わります。見た目のきれいさも、もちろん違いますね。細かく切り目を入れる時は息継ぎをしないで集中する、という友人もいるほど。きれいに入れた切り込みは、味わう前に、目でおいしさを感じます。

茄子紺という色の表現も、よいものだなぁと思います。独特でなんともいえない、いい色ですよね。カボチャやトマト、ピーマン、パプリカ、オクラなど夏の色とりどりの野菜をグッと引き締める色。料理を仕上げる際は、その茄子紺の色合いをあせさせないようにしたいものです。

もうひとつ、ナスの炒めものを作る時に大事なのが、炒める前に塩をふり、しっかりとなじませておくこと。油なじみがよくなり、食感もキュッと締まって、ナスのうま味をより強く感じられます。ちょっとしたことですが、おいしさにつながる下ごしらえのくふうです。

油通しをしても、煮ても、焼いても、蒸しても、漬けても、生でも……ナスは調理法が多彩。旬の桃と合わせて生のナスをサラダ仕立てにすれば、少しおめかしした料理にもなります。作りたてのフレッシュさを食べるのが大事で、さっとできて華やかさがあるので、人が集まる時の前菜にも向きます。地味なナス料理の印象を、一気に払拭できる一品です。おばあちゃんが作ってくれるような、昔ながらのナス料理も大好きですけれどね。とにかく、ナスは万能選手。大いに頼ってしまいましょう。

ナス炒めのせごはん

暑い日に食べたい、
ひと皿ごはん。
ヘルシーで
ボリュームもあります。

材料（2人分）
ナス… 4本
卵… 2個
ごはん… 2杯分
A しょうが… 2片
しょうゆ… 小さじ1
B 青じそ… 4枚
白いりごま… 小さじ1
塩… 小さじ1/4
しょうゆ… 適量
ごま油… 大さじ1・1/2
オリーブオイル… 大さじ2

1 ナスは8等分のくし切りにする。塩をふって軽くもみ、なじませる。しょうがはすりおろし、青じそは細切りにする。
2 ナスの水気をペーパーでしっかりふく。
3 フライパンにごま油を入れて中火で熱し、**2**を入れて炒める。**A**を加え、さらに炒める。
4 別のフライパンにオリーブオイルを入れて強火で熱し、卵を割り入れて焼く。スプーンで卵に油をかけながら白身をカリカリにし、黄身にも火を通す。
5 ごはんに**B**を混ぜ、器に盛る。**3**と**4**をのせ、しょうゆをかける。

ナスと桃のサラダ

見た目に美しい、
旬のナスと桃の組み合わせ。
ナスが果物のようにジューシーで、
ぜいたくな味わいです。

材料（2人分）
ナス…大1本
白桃…1個
ミント…¼パック
白バルサミコ酢…大さじ1
オリーブオイル…適量
粗塩…適量

1 ナスは縦半分にしてから2〜3㎜幅の斜め切りにする。ボウルに入れ、粗塩をふってざっと混ぜ、白バルサミコ酢をふる。
2 白桃は半分に切り、種を取って皮をむき、4等分のくし切りにして、さらに横半分に切る。
3 **1**に**2**、ミントをちぎって加え、粗塩、オリーブオイルをかけて、あえる。

焼きそば

あまり大きな声ではいえませんが、何を隠そう、焼きそばが大好きです。これをうっかり話すと、必ず「意外！」といわれます。ただし、私なりの小さなこだわりがあって、「具だくさんは禁物」。キャベツ、モヤシ、ニンジン、ニラ、豚肉……すべての具材を網羅、というのではなく、「焼きそばの具はシンプルに」が信条です。モヤシだけ、なんていうのも好きですよ。そう、焼きそばは、麺との一体感を楽しみたいのです。

いつだったか、麺だけを炒めて食べたいといったら、「それでも料理家なの？」といわれたことがありましたが、うーん、料理家でもたまにはそういう気分にだってなるし、料理をしたくない日だってあります。話が脱線しそうなので、テーマを焼きそばに戻して……。

麺が好きな私は、**極力、具はシンプルに、麺となじむように、を心がけます。**モヤシと豚肉、イカとパクチーなど、具材は2種類くらいに抑えると、麺とのからみもよく、全体にまとまり、おいしい焼きそばになります。

焼きそばのよい点はなんといっても、簡単、手軽に作れるところ。ひと皿で満足できるところも魅力です。手抜きという言葉も聞こえてきそうですが、いいんです、たまには！　毎日、がんばりすぎなくていい。料理は楽しむもので、苦痛になるなら、その日はやめてもいい。そのくらいの気持ちでいるのがいいと思っています。しかも、そんな時に作る焼きそばが、すごくおいしいんですよ。

モヤシのゆずこしょう焼きそば

ゆずこしょうの風味、
モヤシの食感が
利いています。
麺は軽くほぐしてから
炒めます。

材料（2人分）
中華蒸し麺…2玉
豚ひき肉…160g
モヤシ…200g
ニンニク…1/2片
A ゆずこしょう…小さじ1・1/2
しょうゆ…小さじ2
塩…適量
米油…小さじ1・1/2

1 モヤシはひげ根を取り、ニンニクは薄切りにする。

2 フライパンに米油、ニンニクを入れて中火で熱し、香りがしてきたら豚ひき肉を入れ、強火で炒める。モヤシ、麺を順に加えてその都度炒め合わせ、**A**を加え混ぜる。

イカとパクチーの焼きそば

エスニックな味わい。
食欲をそそる香りで、
箸が止まらない
おいしさです。

材料（2人分）
中華蒸し麺…2玉
ヤリイカ…2杯
パクチー…1茎
しょうが…1片
A 酒…小さじ2
ナンプラー…大さじ1
塩…適量
黒こしょう…適量
ごま油…小さじ2
レモン…1/4個

1 ヤリイカは洗って内臓を取り除き、皮をむいて8㎜幅の輪切りにする。しょうがは千切りにする。

2 フライパンにごま油を入れて強火で熱し、**1**を入れてさっと炒める。麺を加えて中火でよく炒め、**A**を加え混ぜる。

3 器に**2**を盛り、ちぎったパクチーの葉をのせ、くし切りにしたレモンを添える。

家庭料理の小さなくふう

野菜の下ごしらえ

野菜を洗ったらボウルに水を張り、葉ものは茎を下にして入れ、水分を含ませます。ブロッコリーやカリフラワーは茎を上にして20分ほど水に浸けておくと、中から汚れが出てきますよ。また、下ごしらえの段階で、仕上がりのイメージをもつことが大事。切った野菜類をバットに並べていくと、それぞれの形状や大きさがわかりやすく、仕上がりを想像しやすくなります。

下味

肉や魚が吸収できる味の量は限られているので、たっぷりの調味料に浸けるのではなく、少量で効率よく。しょうゆやみりんをかけたあと、上からラップを密着させてなじませるか、軽くもみ込めば十分です。

フライパン

肉に焼き目をつける時などは鉄のフライパンを使いますが、日々の気軽な炒めものなどにはフッ素樹脂加工のものを活用。樹脂ははがれやすいので、消耗品と割り切って、半年に一度のペースで交換を。

器の収納

大きさや種類別でなく、シーン別に器をまとめる収納方法が、意外と便利。朝食用にパン皿、マグカップ、ヨーグルトボウルを、夕食用にお茶碗や大皿を、といった具合。いろいろな場所から取り出す必要がないので準備がスムーズだし、家族みんなが把握しやすいのもいいところ。

小鍋

毎日のように使うのが、直径14㎝くらいの小鍋。少しだけ出汁を作りたい時、さっと野菜や卵を茹でたい時、作り置きを温めたい時などに重宝しています。

油

常備しているのは、ごま油とオリーブオイル、そして米油です。和や中華にはごま油、洋にはオリーブオイル、と決めている方も多いと思いますが、私はその料理に使っている素材や調味料に一番合うものを選ぶようにしています。だから、和のあえものにオリーブオイルを使ったり、蒸した洋野菜にごま油をかけたりすることも。そして、揚げものに使うのは、いつも米油。カラリと軽く仕上がるのと、時間がたってもベタッとしないので、お弁当用のおかずにもいいですよ。また、これは調味料全般にいえることですが、油はとくに酸化しやすいので、できるだけ小さいサイズのものを購入して早く使い切るようにしています。

まな板と包丁

ひとつの素材を切ったら、まな板を洗って水気をふいてから次の素材を切るクセをつけましょう。使い終わった時も、ふいてからさらに乾かすと、匂い移りせず衛生面でも安心です。包丁はグリップ部分もけっこう汚れているので、刃先だけでなく全体をきれいに洗うといいですよ。

合間のお茶

料理を煮込む間などに、お茶をいれてひと息つくのもいいもの。気分を変えて、また料理にとりかかれます。キッチンの片隅に小さな椅子を置いておいても。

作りたくない時は

疲れている時など、料理を作りたくない日は、無理に作りません。おいしいものを食べたい、食べさせてあげたいという気持ちで作る料理が、一番おいしいと思います。とはいえ、疲れている時ほど、手早く作れてじんわりおいしいごはんを食べたいもの。そんな時は、一人分でいいなら、小鍋に出汁と冷凍ごはんを入れて温めるだけの雑炊を作れば、ホッとして満たされます。しらすや梅干しで塩味を足したり、栄養がほしい時は卵を割り入れたり。家族の分も作るなら、気軽に作れて洗い物が少なくて済む、温かい麺類がおすすめ。野菜を一緒に煮込めば栄養もとれるので、心にも体にもやさしいごはんになります。

秋

キノコ

うま味と香りが抜群のキノコ。秋が深まるにつれ、グンとおいしくなってきます。キノコに火が入るとキッチン中に香りが漂い、思わず鼻をクンクンとさせてしまいます。しっとりと火が通ったキノコから、うま味がしみ出す時のジューッとした感じがたまりません。

キノコは、なんといってもバターと相性がいいですね。皆が、おいしそう！　と想像しやすい味というのも、「おいしい」の大事な要素です。シイタケをバターと一緒に蒸す、シイタケのホイル焼き、なんていうのは懐かしくもあり、これぞ家庭料理かもしれません。

アルミホイルで包まなくても、鍋にふたをして蒸せば、たくさんのいい出汁が出ます。そう、蒸してみると、キノコは思いのほか水分が多いことに気がつきます。その水分を存分に使って炊き込みごはんを作るのも、秋の楽しみ。お米にキノコをのせて炊くのではなく、キノコをあらかじめ蒸し、そこから出た出汁のうま味をお米に吸わせて炊いていきます。こうすることで、キノコのおいしさがしみわたった、キノコごはんになります。バターや黒こしょうなども合うので、濃厚な味わいにして、洋風の食卓にも。

キノコは、あれこれ好みのものを取り合わせてもよいです。ヒラタケは、キノコらしい味わいを楽しめるので、見かけたらぜひ試してみてください。マイタケは、うま味や風味がしっかりあるので入れるとおいしいのですが、炊き上がりのごはんに色が移って黒ずんでしまうので、入れすぎには注意です。

もうひとつの楽しみ方は保存食。独特のぬめりがおいしいナメコは、しょうゆ煮にすると、さらにプルルンとしたぬめりが出てきます。新米の季節、ごはんにのせて食べると、ゼラチン質のようなとろみが、炊きたてごはんの甘みと相まって、もうたまりません。ナメコは、味噌汁に入れるような小さなものではなく、大粒のもので作ってみてください。この季節にしか味わえない、まさに旬ならではの贅沢。滋味深い味わいに、感動してしまいますよ。

キノコごはん

キノコのうま味を、
余すところなく
ごはんにふくませます。
好みで、
仕上げに黒こしょうを
ふっても。

材料（作りやすい分量）
マイタケ…1パック（120g）
ヒラタケ…1パック（75g）
シメジ…小1パック（100g）
シイタケ…4枚
米…2合
A バター…10g
酒…30㎖
しょうゆ…10㎖
塩…小さじ½

1 米はといで、ざるにあげる。

2 鍋に、石づきを取って小房に分けたキノコ類と**A**を入れ、ふたをして、弱めの中火で10分ほど蒸す。キノコから出た出汁と、キノコを分けておく。

3 **2**のキノコの出汁を計量し、水を足して2合分（360㎖）にする。

4 鍋に**1**、**3**、塩を入れて混ぜ合わせ、しばらくおく。**2**のキノコを加え、ふたをして強めの中火にかける。噴いたら弱火にして14分炊き、火を止めて10分ほど蒸らす。

ナメコのしょうゆ煮

大きめの鳥海ナメコで作ります。
つるん、とろりとした食感が
たまりません。

材料（作りやすい分量）
大きなナメコ（鳥海ナメコ）… 500g
A 酒 … 50㎖
しょうゆ … 45㎖
赤唐辛子 … 1本

1 ナメコは石づきを切り、よく洗い、ざるにあげる。

2 鍋に**1**、**A**を入れてざっと混ぜ、中火にかける。ふたをして、途中、木べらなどで時々混ぜながら、弱めの中火で12〜15分煮る。

蒸しもの

秋の入り口、秋が深くなる頃、秋の終わり……。短くも、秋はいろいろな顔をもち、奥深さがあるなぁと思います。どうしても秋を贔屓《ひいき》にしてしまうのは、最近の夏があまりにも暑いせいでしょうか。いや、それよりも、秋にはおいしいものがたくさんあるから、というのが一番の理由でしょう。果物も梨、柿、ブドウ、リンゴ、栗と、魅惑の食材がズラリ。キノコ、さつま芋、ジャガイモ、そしてカブやレンコンといった根菜類も。秋の味覚は滋味深く、しみじみおいしいものばかりです。

秋にうれしい調理法もあります。暑くて湿度の高い季節には考えたくもなかった、蒸す、という調理法です。蒸気の上がった蒸し器を眺めながら、キッチンの片隅で読書、なんていうのも、秋になった喜びを感じます。**蒸すことで、素材はしっとりとやわらかくなり、やさしい食感や味覚が得られます。**

まず作りたいのが、秋の訪れとともにどんどんおいしくなっていくカブを、スープのように仕上げる蒸しもの。あっさりとした塩味に仕上げる蒸しスープは、この季節ならではの味わいです。蒸すことのよさは、料理も器も温まり、その温かさが体にふわっと伝わっていくこと。器に材料を入れて、あとは蒸すだけ、という蒸しスープは、手軽でよいものです。カブに味わいをプラスするため、ホタテのうま味を使います。ホタテといっても、使うのは貝柱の水煮缶。この水煮缶が、いい出汁になるのです。カブは薄切りにして火の通りをよくすると、うま味をたっぷり吸います。あっさり塩味の中に、ホタテのうま味とカブの甘味が相まって、贅沢な味わいです。

また、豚肉も蒸しものに合います。豚肉は火を入れると、かたく締まってしまうイメージがありますが、蒸すとうま味が凝縮してしっとりと仕上がります。豚肉とキュウリを蒸して、しょうがや長ねぎの香味だれをからめます。そう、キュウリも蒸しますよ！　キュウリを一緒に蒸すことで、豚肉との一体感が生まれるのです。

カブとホタテの塩蒸し

スープがおいしい、
やさしい味わいの
蒸しもの。
カブがおいしい季節に
作ってほしい一品です。

材料（2人分）
カブ…3個
カブの葉…少々
ホタテの水煮（缶詰）
…45g（貝柱小4個）
A
酒…大さじ1
塩…少々
ごま油…小さじ½

1 カブは皮をむいて、薄切りにする。葉は小口切りにする。
2 器にカブ、ほぐしたホタテ、ホタテ缶の汁（大さじ3）を入れ、**A**をまわしかけて、蒸気の上がった蒸し器で10分ほど蒸す。
3 蒸し上がり直前にカブの葉をのせ、さらに30秒ほど蒸す。

蒸し豚とキュウリの香味あえ

豚肉とキュウリを
一緒に蒸します。
おいしい香りと蒸気が
キッチンに広がる
蒸しものは、
乾燥が気になる季節に
うれしい調理法です。

材料（2人分）
豚ロース肉（しょうが焼き用）
…10枚（約200g）
キュウリ…1本
酒…大さじ1・1/2
A 長ねぎ…1/4本
しょうが…小2片
しょうゆ…大さじ1
酢…小さじ1
きび砂糖…小さじ1
ごま油…小さじ1
香菜の葉…適量

1 長ねぎ、しょうがはみじん切りにする。ボウルに**A**を入れ、よく混ぜ合わせる。
2 豚肉は3等分に切り、酒をふってなじませる。
3 キュウリは縦半分に切って種を取り、5㎜幅の斜め切りにする。
4 蒸気の上がった蒸し器にオーブンシートを敷いた耐熱皿を置き、**2**を入れて2分蒸す。さらに**3**を加えて2分ほど蒸す。
5 **1**に**4**を蒸し汁ごと入れ、あえる。器に盛り、香菜の葉をのせる。

揚げもの

揚げものというと、作るのも食べるのも敬遠されがちですが、私は両方、大好きです。なんと、友人たちからは「揚げもの名人」といわれているくらいなんですよ。しかし、そんな私でも、以前は作るのが苦手でした。カリッカリからはほど遠く、ベチャッとしてしまうことが、やる気をそいでいました。それがどうして？　ということなのですが……。コツはのちほどお伝えしようと思います。

揚げものは「キッチンが汚れるから」「油の処理が面倒だから」という理由で、家では作りたくない、という人が多いようです。コロッケなどは、「買うもの」と位置づけられてしまった昨今。これは「揚げもの名人」からすると、なんともさみしいことです。

そこで、まず提案したいのが、**油の量を減らし、フライパンで揚げること**。私は、もっぱらフライパンで揚げています。少しの油で済むので、残る油はさほど多くありません。あまり汚れていなければホウロウの容器などに保存しておきます。こし器のついたオイルポットは使っていません。ベトベトしてしまうし、いつの油かわからない、なんていうことにもなりかねませんからね……。

フライパンで作るかき揚げは、手軽な上に、カリッと揚がります。油が少ないので、油からタネの半分くらいが見えていて、平らに形成しやすいのです。ひっくり返して、片面ずつ揚げていきますが、ディープフライよりもサラッと軽く仕上がります。衣は、薄力粉と片栗粉を合わせることで、カリッと揚がります。この時、粉をつけすぎないことが大切。素材に薄く粉がかかるくらいにして、水は素材の水分を利用しながら控えめにします。素材と素材がようやく、くっつくくらいの粉と水、と覚えてください。春巻きやコロッケなども、高温で短時間で揚げていますが、こちらもフライパンでいいのです。そんなにたくさんの油を使わなくていいのなら、家での揚げものも、少し気が楽になりませんか？ なんといっても、揚げたて熱々のおいしさは格別ですから。

さつま芋とエリンギのかき揚げ

かき揚げは、
大きめのスプーンなどを使って、
油の中にすべり込ませます。
一度、油に入れたら、
固まるまで触らないのがコツ。
さつま芋のカリッとした食感、
あおさの香りがたまりません。

材料（2人分）
さつま芋…小½本
エリンギ…2本
あおさ…1.5g
A 片栗粉…大さじ2
薄力粉…大さじ3
氷水…70㎖
揚げ油…適量
B すだち…½個
粉山椒…適量
粗塩…適量

1 さつま芋はよく洗い、皮つきのまま3㎜幅のいちょう切りに、エリンギは小さめのひと口大に切る。
2 ボウルに**1**と**A**を入れて混ぜ、あおさを加え、さらに混ぜる。
3 フライパンに1㎝ほどの深さまで揚げ油を注ぎ、中温に熱する。スプーンや網じゃくしなどに**2**を適量のせ、静かに油に入れる。片面が固まったら、スプーンなどを使って返す。両面色づくまで揚げ、油をしっかりきる。
4 器に盛り、**B**を添える。

海老とセロリの春巻き

さまざまな食感を
一度に味わえる、
ごはんにもお酒にも
合う春巻き。
短時間で揚がります。

材料(8本分)
むき海老…90g
セロリ…1本
キクラゲ(生)…40g
しょうが…1片
A 酒…大さじ1
しょうゆ…小さじ2
塩…適量
こしょう…適量
片栗粉…小さじ1
(小さじ2の水で溶く)
春巻きの皮…8枚
薄力粉…小さじ1
(小さじ1の水で溶く)
ごま油…小さじ2
揚げ油…適量

1 むき海老は塩水(分量外)で洗い、水気をふいて、3等分に切る。セロリの茎は筋を取り、斜め薄切りにし、葉は刻む。キクラゲは細切り、しょうがは千切りにする。

2 フライパンにごま油を入れて強火で熱し、**1**を入れて中火で炒め、**A**を加え混ぜる。水溶き片栗粉をまわし入れ、さっと火を通して冷ます。

3 春巻きの皮に**2**を適量のせ、両端を折りたたみながら巻き、最後は水溶き薄力粉でとめる。

4 フライパンに1cmほどの深さまで揚げ油を注ぎ、中温に熱する。**3**を入れて、色づくまで揚げ、油をしっかりきる。

ナッツ

ナッツはそのまま食べるだけでなく、お菓子や料理に活躍してくれます。朝食のヨーグルトには、ローストしたクルミを粗めにくだいてたっぷりのせ、オリーブオイルをまわしかけて、粗塩をぱらりとふっています。香ばしくて、歯ごたえも申し分なし。栄養価も高く、コクやうま味をプラスしてくれて頼りになります。

クルミ、アーモンド、カシューナッツ、ヘーゼルナッツ、マカダミアナッツ……。さまざまな種類がありますが、**使い勝手がよいのは、クルミやアーモンド。**生のものも、ローストしたものもよく見かけますが、**どちらも必ず、から炒りしてから使う**ようにしています。フライパンで弱火にかけてもいいですし、160℃程度のオーブンでローストしてもいいでしょう。こうするだけで、香ばしさや食感が格段に変わります。クルミは渋味もあるので、なおのこと。ナッツは酸化しやすいので、その都度、使うぶんだけ炒るのをおすすめします。

ナッツをどう料理に使ったらいいのかわからない、という方も多いかもしれません。まずは、ごまの代わりとして使ってみます。わかりやすく、ほうれん草のごまあえを、クルミあえに変えてみましょう。クルミは、粒感が少し残るくらい粗めに刻みます。調味料は、ごまあえと同じ、砂糖、しょうゆ、ほんの少しの塩。その甘じょっぱさとクルミの香ばしさが相まって、こっくりとした秋らしい味に。クルミの食感もなんともいえず、食べごたえがあります。食感は、味の一部。私は、料理を構築する上で、食感をとても意識しています。クルミは塩気とも相性がいいので、私は、このほうれん草のクルミあえによく、生ハムをプラスします。これもぜひ、試してみてください。

青菜のクルミあえ

たっぷりの
クルミであえると、
青菜がいつもとは
違った味わいに。
クルミは良質な
油を含むので、
毎日の料理にも
上手に取り入れて。

材料（2〜3人分）
さやいんげん… 12本
ほうれん草… 小½束
クルミ… 50g
しょうゆ… 小さじ1・½
A きび砂糖… 小さじ1
　塩… ひとつまみ

1 さやいんげんは3分、ほうれん草は1分ほど茹でる。さやいんげんは筋に沿って縦に開き、3等分の長さに切る。ほうれん草も同じ長さに切り、水気をしぼる。

2 フライパンにクルミを入れ、弱火でから炒りして、粗めに刻む。

3 ボウルに**1**を入れ、しょうゆをからめてから**2**、**A**を加え、あえる。

リンゴとアーモンドのハーブサラダ

リンゴのおいしい季節に
作りたい一品。
青々しいハーブ、
香ばしいアーモンド。
とてもシンプルな
組み合わせですが、
おもてなしにも、
朝食にも向くサラダです。

材料（2〜3人分）
リンゴ（紅玉）… 1個
アーモンド … 40g
ディル … 1パック
チャービル … 1パック
A フレンチマスタード … 大さじ1
ハチミツ … 小さじ1
レモン汁 … 小さじ1
オリーブオイル … 小さじ2
粗塩 … ふたつまみ

1 フライパンにアーモンドを入れ、弱火でから炒りして、横3等分に切る。ディルとチャービルは葉を摘み、アーモンドと合わせる。
2 **A**をよく混ぜ合わせる。
3 リンゴは4等分に切って芯を取り、5㎜幅のくし切りにする。器に盛り、**2**をかけ、**1**をのせる。

ポタージュ

ぎんなん、ゆり根、レンコン、栗……。好きな食べ物がたくさんあるので、私は四季の中で秋が最も好きです。乾燥した、少し肌寒い日に、やわらかな毛布にくるまって寝る、なんていう時も、秋が来たなぁと感じる瞬間です。

肌寒さが相まって、スープがおいしく感じられるのも秋ならでは。中でもポタージュが、この季節にはなじむように思います。ポタージュという響きを耳にするだけでも、毛布のような、やわらかくて暖かいものに包まれているような気持ちになります。

ポタージュ作りは、素材すべてが混ざり合い、その時にしかないテクスチャーが生まれるのが魅力です。ハッとするような鮮やかな色合いや、はかなげな淡い色合いに、作るたびにうっとりとします。素材が姿を変えて、フワフワと空気をふくんで、新しい味わいになります。

秋においしい根菜は、ポタージュに向く素材です。ゴロゴロとした大きさを生かすのも、根菜料理の醍醐味ですが、さつま芋やゴボウは、ペースト状になっても、十分に魅力を発揮してくれます。さつま芋は甘味があるので、少しスパイスを加えて引き締めると味に深みが出ますし、焼き芋にしてからポタージュにすると、甘味が増します。

おなかにもやさしいのが、ポタージュのよいところ。塩味や油分を控えれば離乳食になりますし、風邪を引きそうな時や、治りかけの時などに、消化のよい素材で作れば無理なく食べられます。作りおきしておけば、忙しい朝にもいいですね。また、野菜嫌いなお子さんにも、ポタージュは、ひと役買ってくれる料理だと思います。冷蔵庫にある野菜で作るポタージュも、その時々のものができて楽しいものです。

さつま芋のスパイスポタージュ

材料（2人分）
さつま芋…1本（約300g）
玉ねぎ…½個
A ミニトマト…6個
クミンパウダー…小さじ¼
カレーパウダー…小さじ¼
粗塩…適量
水…400㎖
バター…20g
塩…適宜
B ヨーグルト…適宜
クミンパウダー…適宜

スパイスを利かせることで、さつま芋の甘さが際立ちます。ハンディブレンダーがあると、鍋の中で撹拌できるので便利です。

1 さつま芋は皮をむき、縦半分にしてから2㎝幅に切り、水にさらす。

2 玉ねぎは縦半分にしてから、繊維を断つように薄切りにする。

3 鍋を中弱火にかけてバターを溶かし、**2**を入れ、透き通るまで中火で炒める。水気をきった**1**を加え、ざっと炒めたら、**A**を加えてふたをし、2〜3分蒸らす。さらに分量の水を加えてふたをし、弱めの中火で20分ほど煮る。

4 さつま芋がやわらかくなったら、ハンディブレンダーでなめらかになるまで撹拌する。

5 好みのとろみになるよう水（分量外）を加えて温め、味をみて、足りなければ塩で味をととのえる。器に盛り、好みで**B**を散らす。

白菜のポタージュ

白菜の水分だけで作ります。
しみじみとやさしい味わいです。
仕上げの際、
白菜の水分が少なく、
とろみが強いようなら、
水を加えて
調整してください。

材料（4人分）
白菜…1/6個
玉ねぎ…1/2個
バター…20g
タイム…2本
粗塩…小さじ1/2

1 白菜は2cm幅に切る。玉ねぎは縦半分にしてから、繊維を断つように薄切りにする。

2 鍋にバターを入れて中弱火で溶かし、すべての材料を加え、バターをなじませる。ふたをして弱火にし、白菜から水分が十分に出てくったりするまで、30分ほど蒸し煮にする。途中、木べらなどで時々全体を混ぜる。

3 **2**をミキサーにかけてなめらかにする。

4 鍋に**3**をもどして温め、塩少々（分量外）で味をととのえる。

コロッケ

コロッケという響きは、どこか心が弾みます。それは、母から「今日のごはんはコロッケよ！」と聞いた子どもの頃の気持ちと変わらない、うれしい響き。

当時、７人家族だったわが家では、コロッケを作るとなると、ジャガイモの皮むきから始まって、ホクホクとやわらかくなるまで蒸すのも、形を作るのも、パン粉の衣をつけるのも、すべてがおおごとでした。母は「よいしょ！」とひとり言のようなかけ声をかけながら、俵形のコロッケを黙々と作っていました。そんな母を見て、コロッケを作るのって大変なんだなぁと思っていましたが、熱々揚げたてが食卓に並ぶと、兄姉３人でパクパクッと勢いよく頬張って、あっという間に食べてしまっていましたっけ。そんな、俵形をしたジャガイモのコロッケが、思い出の味です。

定番の味も大好きですが、ふと、母の大変さを思い出すと、コロッケをもっと自由に作れたら楽しいなぁと思います。ジャガイモじゃなくても、里芋でも、カボチャでも、さつま芋でも。

里芋で作ると、ジャガイモとはまるで違う、驚くようなしっとりとした食感を味わえます。合わせるものも、玉ねぎとひき肉と決めなくていい。アンチョビやドライトマト、ナッツを入れても面白い。形も、小判形や俵形じゃなくて真ん丸でもいい、というように……。

慣れ親しんだ定番の家庭料理にくふうをプラスすると、自由でおおらかなものができ上がり、普段の食卓に小さな発見や会話が生まれることにつながるかもしれません。奇をてらったものを作るのではなく、ちょっとしたくふうをすることで新しい味になり、定番となる料理が増えていくといいなと思うのです。そして、普段の料理をもっと自由に楽しめたら素敵なことだと思います。

里芋のコロッケ

里芋のトロリとした食感と、
アンチョビの塩気が新鮮。
揚げ油の温度は170℃くらい。
それより高いと
割れやすくなるので注意して。

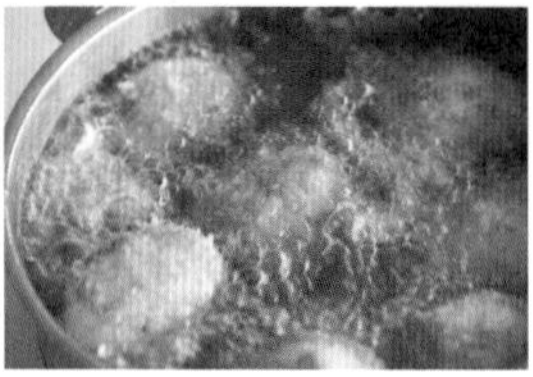

材料（小さめ10個分）
里芋…6〜7個
（約500g）
玉ねぎ…¼個
アンチョビ…3切れ
塩…適量
バター…10g
A 薄力粉…適量
溶き卵…適量
パン粉…適量
揚げ油…適量
B レモン（くし切り）…適宜
芽キャベツ（茹でたもの）…適宜

1 里芋は皮つきのまま、やわらかくなるまで蒸す。熱いうちに皮をむき、水気をペーパーでふき取ってボウルに入れ、マッシャーや木べらなどでやわらかくなるまでつぶし、軽く塩をふる。

2 玉ねぎはみじん切りにする。鍋にバターと玉ねぎを入れて弱めの中火にかけ、こげないようにゆっくり炒める。しんなりしたら、アンチョビを加え、さっと炒める。バットに取り出し、冷ます。

3 **1**に**2**を加え混ぜ、バットに広げて10等分にする。それぞれ平らな丸形にし、**A**を順につける。

4 揚げ油を中温に熱して**3**を入れ、強めの中火で色よく揚げる。油をしっかりきって器に盛り、**B**を添える。

カボチャのコロッケ

ホットサラダのような感覚で食べられます。
パン粉を細かくしているので、サックリ、軽い食感です。

材料（小さめ12個分）
カボチャ…1/4個（約500g）
ドライトマト…10g
カシューナッツ…30g
ヨーグルト…大さじ3
イタリアンパセリ…5本
パン粉…適量
A 薄力粉…適量
　溶き卵…適量
揚げ油…適量
塩、黒こしょう…各適量
ベルギーチコリ…適宜

1 カボチャは半分に切って、種とワタを取り除き、蒸し器でやわらかくなるまで蒸す。熱いうちに皮ごとつぶし、塩を軽くふる。

2 ドライトマトはぬるま湯でもどし、粗めのみじん切りにする。カシューナッツは粗く刻む。

3 パン粉はポリ袋に入れ、麺棒で押して細かくする。イタリアンパセリは細かく刻み、パン粉に混ぜる。

4 **1**に**2**とヨーグルトを加え、塩、黒こしょうを軽くふり、混ぜる。バットに広げ、12等分にしてそれぞれ丸める。**A**を順につけ、最後に**3**をつける。

5 揚げ油を中温に熱して**4**を入れ、強めの中火で色よく揚げる。油をしっかりきって器に盛り、チコリを添える。

レンコン

野菜は切り方ひとつで、食感も姿も味わいも変わります。中でもレンコンは、七変化？　というほどに、いろいろな顔を見せてくれる野菜です。薄い輪切り、厚切り、さいの目切り、乱切り、縦切り、すりおろし……。輪切りなど、横に切るとシャキシャキとした食感。薄い輪切りの甘酢漬けレンコンは、おなじみのおいしさですね。一方、縦に切ると、ホクッとして繊維が糸を引きます。あまり縦に切ったことがない方は、棒状に切ってみると、いままでのレンコンとはひと味もふた味も違う食感と味わいに驚くはずです。

私は、レンコンをきんぴらにする時は、縦に切ることが多いです。それも、だいぶ大胆な棒状。食べごたえがありますし、ホクッ、シャクッとした食感が「根菜だなぁ」と思わせてくれます。

味つけは、定番のみりんとしょうゆではなく、みりんと塩で炒めていきます。ゴボウだったら、しょうゆ味がいいなと思うのですが、レンコンは、あっさりと塩味が合うように思います。縦切りにして塩味、というように、いつものきんぴらに変化をつけてみる。切り方と調味料を替えることで、定番料理に新しい風を吹かせてみるのも楽しいものです。

レンコンは、すりおろして使うこともできます。すりおろすと、トロトロ、モチモチになって、姿を消しても「ここにいるよー」と存在感を発揮してくれます。すりおろしてお団子状にして揚げても、パンケーキのようなお焼きにしても、モチモチとしておいしいです。一番手軽なのは、すりおろして出汁に入れるだけのスープ。食欲のない時や、少し疲れている時などにもってこいの、やさしいスープができ上がります。

レンコンはいろいろな姿に変わっても、それぞれのよさを教えてくれる素材。ほかの野菜でも切り方や味つけを決めつけずに、手に取って眺めてみて、いつもと違ったアプローチを見つけてみてください。ひとくふうすることで、いつもの料理に変化が生まれます。

レンコンの塩きんぴら

レンコンを
縦に切ることで、
シャキシャキとした
食感を楽しめます。

材料（2〜3人分）
レンコン… 200〜250g
赤唐辛子… 1本
A みりん… 大さじ1
　粗塩… 適量
ごま油… 大さじ1

1 レンコンは皮をむき、縦に棒状に切り、酢水（分量外）にさらす。洗って、水気をしっかりきる。

2 赤唐辛子は半分に切って種を取る。

3 フライパンにごま油と**2**を入れて強火で熱し、**1**を加えて炒める。レンコンのふちが透き通ってきたら**A**を加え、火が通るまで中火でよく炒める。

レンコンのスープ

すりおろすことで
生まれるトロトロ、
モチモチ感を
味わってみてください。

材料（2〜3人分）
レンコン…180g
長ねぎ…1/3本
豚ひき肉…120g
かつお出汁…500mℓ
A 酒…大さじ1
薄口しょうゆ…小さじ1
塩…適量
ごま油…小さじ1・1/2
塩…適宜
黒こしょう…適量

1 レンコンは皮をむいて酢水（分量外）につけておく。
2 長ねぎは粗みじん切りにする。
3 鍋にごま油を入れて中火で熱し、**2**を入れて炒める。しんなりしたら、豚ひき肉を加えてよく炒め、かつお出汁を注ぐ。ふつふつしてきたら**A**を加え、5分ほど煮る。
4 **1**をすりおろしながら加え、弱火で7〜8分煮る。味をみて、足りなければ塩で味をととのえる。器によそい、黒こしょうをふる。

ごはん

お米は、日々の食事になくてはならないもの。私の周りにも、お米ラブな人たちがたくさんいます。とくに新米の季節は、炊きたてのごはんを前にしてニンマリと満面の笑みを浮かべる料理家の友人や、ふだんは野菜ばかり食べているのに、実は塩おむすびが好きな料理家の友人、ごはんを専門に研究している知り合いも、皆、炊きたてのツヤツヤピカピカの新米に、心躍らせています。私も人生最期に食べたいものは、炊きたてのごはんで作った塩むすびだなぁ、と思っています。

秋は、お米のほかにも、おいしい食材がたくさん。キノコや根菜も、その代表です。キノコとごはん、根菜とごはん、組み合わせはいろいろとできそうです。新米を炊き込みごはんやのっけごはんにするのは、いささかもったいない気もするのですが、秋の味覚で作ると、やっぱりおいしいのです。

キノコを合わせるなら、やはり炊き込みごはんですね。92ページで紹介したように、キノコを蒸し煮にして、そこから出た出汁で炊くのがわが家の定番ですが、キノコを焼いてからお米と一緒に炊いて、香ばしく仕上げるのもおすすめです。キノコは素焼きにするとと水分が出ず、うま味がギュッと凝縮され、そのうま味をお米が吸って、好循環！　いい作用が働きます。エリンギも、「なんだなんだ、松茸か？」と思うくらいに、うま味が増します。和風ではありますが、炊き上がりにバターを溶かしてもおいしいですし、黒こしょうをガリガリとひいても、これまたオツな仕上がりになりますよ。

そして、のっけごはんには根菜を合わせます。甘辛い煮汁の牛丼にゴボウを加えて、滋味深い味わいに。外で牛丼を食べたことはありませんが、牛丼ってなぜか惹かれますよね。卵でとじれば、家ごはんならではのホッとする味わいに。ぜひ、炊きたてほかほかの新米にのっけてみてください。

焼きキノコの炊き込みごはん

キノコのうま味が
広がるごはん。
秋の香りが楽しめます。

材料（作りやすい分量）

マイタケ…100g
シイタケ…3枚
エリンギ…2本
三つ葉…1束
米…2合
水…340㎖
しょうゆ…小さじ2
A 酒…小さじ1
　 塩…小さじ½
黒こしょう…適量

1 米はといで、ざるにあげる。鍋に米と分量の水を入れ、30分ほど浸水させる。

2 マイタケは2〜3等分にほぐし、シイタケは石づきを切る。エリンギは長さを半分にし、縦3等分に切る。

3 三つ葉は湯通ししてざるにあげ、粗熱を取る。水気をしぼってから3㎝の長さに切る。

4 熱したフライパンに**2**を並べ、香ばしく焼き目がつくまで強火で焼く。バットに移し、シイタケとエリンギは3〜4等分に裂き、全体にしょうゆをふりかける。

5 **1**に**A**を入れてざっと混ぜ、**4**をのせて黒こしょうをふる。ふたをして強火にかけ、噴いてきたら弱火にして14分炊く。火を止めて10分ほど蒸らし、ざっと混ぜる。

6 器に**5**を盛り、**3**を散らす。

牛ゴボウの卵とじごはん

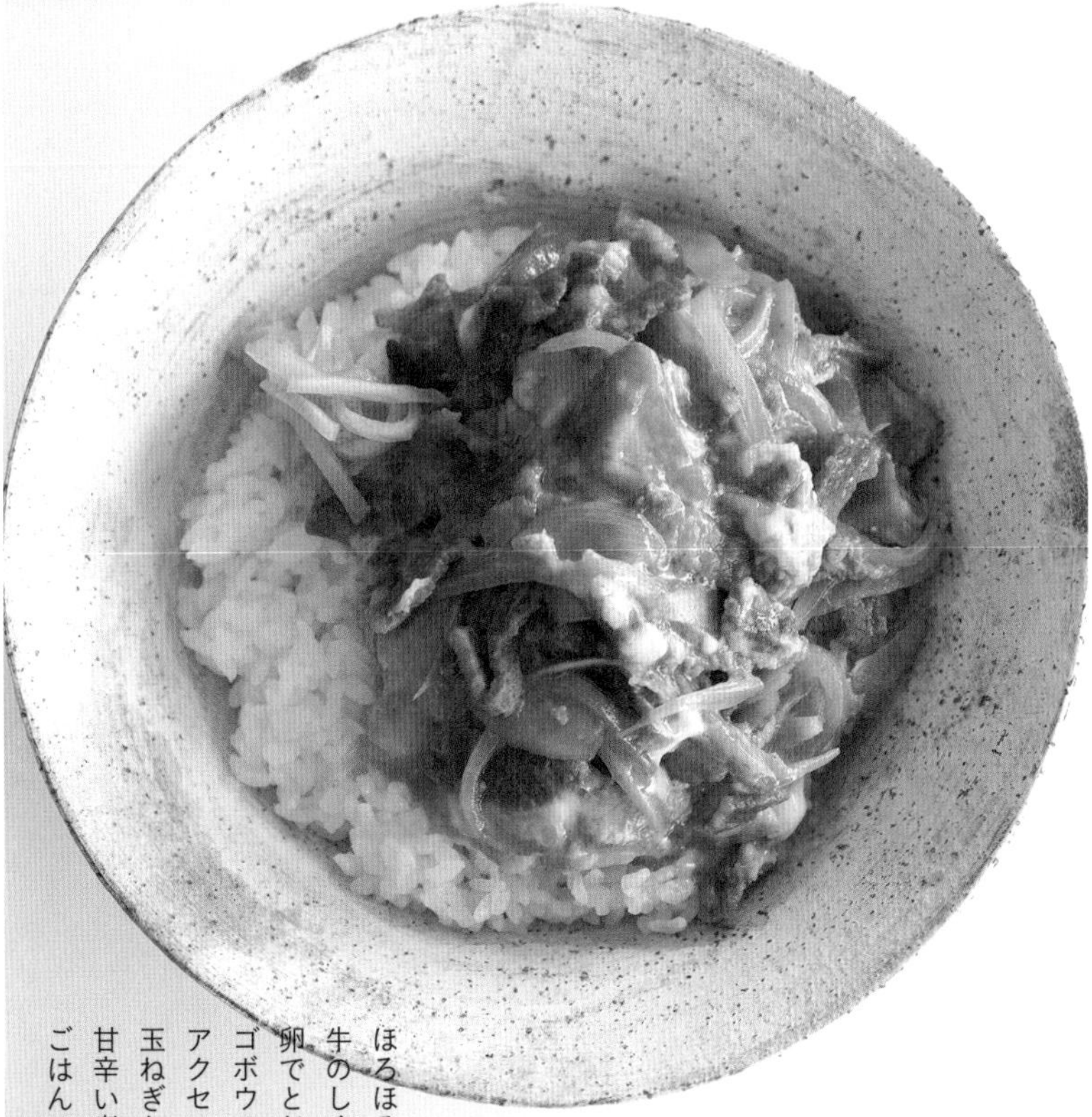

ほろほろの
牛のしぐれ煮を、
卵でとじた牛丼。
ゴボウの食感と香りが
アクセント。
玉ねぎたっぷりの
甘辛い煮汁が、
ごはんによく合います。

材料（2人分）
牛切り落とし肉…240g
ゴボウ…½本
玉ねぎ…1個
A 水…350㎖
みりん…大さじ3
しょうゆ…大さじ3
塩…小さじ¼
卵…2個
ごはん…2杯分
紅しょうが…適量

1 ゴボウは包丁で皮をこそげ、5〜6㎝のささがきにして水にさらし、ざるにあげる。玉ねぎは縦5㎜幅に、牛肉は1㎝幅に切る。

2 フライパンに**A**を入れて中強火でひと煮立ちさせ、ゴボウ、玉ねぎを加えて5分ほど中火で煮る。牛肉を加え、弱めの中火で10分ほど煮る。このうちの半量を保存容器に移し、常備菜として冷蔵庫へ（3〜4日保存可）。

3 残った**2**に、溶いた卵をまわしかけ、半熟になるように火を通す。

4 器にごはんを盛り、**3**をのせ、紅しょうがを添える。

味噌汁

　味噌汁のおいしさは、時に、体にしみわたります。外食が続いた時や、体が弱っている時、はたまた海外から帰ってきた時に、とくに味噌汁のありがたみを感じます。もちろん、日々のごはんでも、味噌汁の存在は偉大だなぁと思っています。出汁と味噌、究極のシンプルさが、潔くて、かっこいいのです。

　かつお出汁、煮干し出汁、昆布出汁、それぞれにおいしさがあります。定番の味噌汁も、出汁を替えるだけで味わいが変わる。これは味噌も同じですね。味噌ひとつで、香りも風味もグッと変わります。いつも同じ味噌を使えば安心の味ですが、日々、変化させてみるのも楽しみのひとつ。具材も自由でいいのです。味噌汁は、ほとんどのものを受け止めてくれるのではないでしょうか。

　私のお気に入りの具は、山芋とハーブ。山芋がお団子のようにモチモチになり、味噌とよく合います。ハーブは冷蔵庫に残っていて、使い道に困っていた時に、エイ！　と入れてみたのが始まり。ハーブも味噌と合うのです。また、変わり種だと思っていたミニトマトにいたっては、具のみならず、出汁にもなることがわかりました。トマトからは、いい出汁が出ます。さらには、買い物に行く時間がなくて冷蔵庫に卵しかない！　という時でも、卵を割り入れれば、心がホッと温まる味噌汁ができ上がります。どんな具でも、きちんと栄養を補えて、おなかも満足できるのがいいですね。

きっと、味噌汁の具材は無限にあります。自由な発想で、日々の味噌汁を楽しんでみてください。

山芋の味噌汁

すりおろした山芋が、お月さまのような形に固まるまで、触らず、静かに煮るのがコツです。

材料（2人分）
山芋…200g
削り節…7g
水…600㎖
味噌…大さじ1・½
A ディル…適量
　チャービル…適量

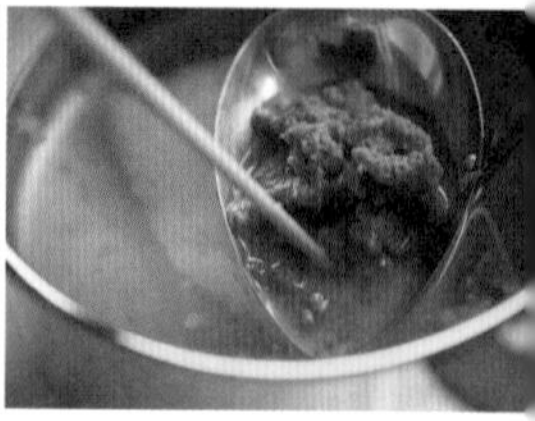

1 鍋に分量の水を入れて強火にかけ、沸騰したら削り節を入れ、ひと呼吸おいて火を止める。しばらくおき、削り節が沈んだら、こす。
2 山芋は、目の細かいおろし器で、やさしくすりおろす。
3 **1**を中火で温め、ふつふつしてきたら、**2**を流し入れる。
4 山芋が固まったら弱火にし、味噌を溶いて火を止める。器によそい、**A**をのせる。

ミニトマトの味噌汁

さっぱりした
昆布出汁で、
ミニトマトの酸味と
うま味が際立ちます。
味噌を溶いたら、
香りと味を生かすため、
煮えばなで
火を止めます。

材料（2人分）
ミニトマト…8個
昆布…4cm角1枚
水…400mℓ
味噌…大さじ1・½
ごま油…小さじ1
黒こしょう…適量

1 昆布は分量の水につけ、20分以上おいたら取り出す。

2 鍋にごま油を入れて中火で熱し、へたを取ったミニトマトを入れて炒める。**1**の出汁を注いでゆっくり温め、トマトからうま味を引き出す。

3 弱火にして味噌を溶き、火を止める。器によそい、黒こしょうをふる。

家庭料理の小さなくふう

まな板

大きいものと小さいもの2つあるのが理想です。薬味を少し刻みたい時などは、小さいほうをさっと出して。大きいほうは円形を選ぶと、みじん切りをする時などにまな板を回転できて便利だし、切った食材が上下にこぼれ落ちるのを防げます。素材は、包丁のあたりがやわらかいイチョウのものが好み。6㎝程度の厚みがあると、長時間使っていても腕が疲れにくいです。

塩

どのように塩を利かせたいかをイメージして、粗塩と粒の細かい塩を使い分けます。サラダや蒸しもの、グリルした肉にふる時など、塩自体の味を感じたい時や、下味をつけるなど素材のうま味を引き出したい時は粗塩を。煮ものやスープなど、全体に塩味をいきわたらせたい時や、魚の臭みをとりたい時は細かい塩を選んでいます。また、煮込み料理などのレシピに「塩で味をととのえる」と書かれている場合、仕上げに加えると味がとがってしまいがちです。塩を入れたあと、さらに火を入れて溶かすことで、味がなじんでまるくなります。きちんと味をみながら、少しずつ加えるのもポイントです。

火加減

肉を焼くなど、強火で作ったほうがおいしい料理もあるけれど、それには手際と下準備が必要。家庭料理の場合、強火で焦がしてしまうよりは、中火で仕上げるほうが安心です。

温め直し

作り置きや冷凍したものを温める時、電子レンジはもちろん手軽でいいけれど、私はあえてひと手間、蒸し器を使うことが多いです。ムラなく温まり、全体にふっくらしておいしくなるので、気持ちもほぐれるような気がします。

鍋

煮込みなど、じっくり味を引き出したい料理は厚手の鍋を使い、弱火で。ふたをぴったり閉めると、蒸す効果もプラスされておいしくなります。

洗いもの

面倒だと思いながらとりかかると、体にも心にも負担になるだけ。たった数分のことなので、きれいに片づく達成感のほうに目を向ければ、自分のためにしているような気分になります。洗いもので心をリセットしてから飲むお茶は、ひときわおいしいですよ。

香味野菜

ニンニクは入れすぎるとしつこくなるので、ほんのり香る程度に。つぶしてオイルに香りを移したら、取り出します。しょうがは、臭みをとりたい時は早めに、香りや味を生かしたい時は仕上げに入れることが多いです。

残った野菜

半端な量の野菜は、数種類をまとめてミキサーにかけると、味がまとまりやすいです。ポタージュにしたり、肉を加えてラグーソースにしたり、魚料理に添えるソースにしたり。一期一会の味わいや色合いを楽しみます。

ふきん

普段から台ふき、食器ふき、手ふきの3種類を用意しています。台ふきは、吸水性があって厚手で絞りやすい、蚊帳生地のふきんが定番。使い終わったらいつも、浸け置き漂白をしています。食器ふきは、すぐ乾くリネンクロスを長年愛用。大判ならお皿を包むようにして手で直接触れることなくふけるので、使いやすいです。料理をしている間はフックにかけていますが、取り外し可能なフックなら料理が終わったらしまえるので、キッチンもすっきりします。手ふき用はワッフル地のハンドタオル。四つ折りにして、いつも手元に置いておきます。濡れたらすぐにとり換えるようにしているので清潔です。

冬

白菜

冬野菜の代表格ともいえる白菜。わが家では冬の間、切らすことなく常備しています。白菜があれば、何かしらに使えて、あると安心、頼りになります。

朝晩の冷え込みがグッと厳しくなると、台所の勝手口の脇で仕込まれた白菜漬けを「寒い、寒い」といいながら取りにいくのが、幼少期の冬の思い出。炊きたての白いごはんに白菜漬けをのせて、しょうゆをほんの少し。いやぁ、たまりません。

漬けものはもちろんですが、最近は、**火をじっくり通した白菜の味わいにも、うなってしまいます。**繊維が壊れて、くったりした白菜に、片栗粉でとろみをつけて、熱々とろとろに。しっとりさと、やわらかさは、寒い時季とくにおいしいと感じる味覚のように思います。寒いと、ガリッと香ばしいものを欲することがあまりなく、やわらかでやさしい味のものがほしくなります。そんな時に白菜は、やはり頼れるわけです。

材料をたくさんそろえることから、家で八宝菜を作ることは、ややハードルが高いのですが、八宝菜に入った白菜のおいしさは格別です。そこから、「白菜を主役にして、豚肉と二宝でも十分おいしいのでは?」という家庭料理ならではの発想で、白菜のとろみ炒めのせうどんを作りました。これを炊きたてごはんにのせてもよし。白菜のやわらかさを、炭水化物に受け止めてもらいましょう。

火の入った白菜は、受け止める側にもなれます。冬の朝食に白菜の巣ごもり卵はいかがでしょう。いつもはキャベツで作るところを白菜に替えるだけで、印象がずいぶんと変わります。しっとりした白菜に包まれた半熟卵を割った時の幸せ感といったらありません。なんだか、やさしい一日が始められそうです。

白菜のとろみうどん

材料（2人分）
白菜…1/8個
豚バラ肉…80g
うどん（乾麺）…200g
しょうが…大1片
かつお出汁…800㎖

A
塩…少々
酒…少々
片栗粉…小さじ1/2

B
酒…大さじ1/2
塩…小さじ3/4

C
酒…小さじ2
みりん…適量
薄口しょうゆ…適量

片栗粉…小さじ2
（小さじ4の水で溶く）
ごま油…小さじ1・1/2
塩…適宜

白菜のとろみと片栗粉のとろみが相まって、食べ終わるころには体がポカポカになります。仕上げにごま油をまわしかけても。

1 白菜は3㎝幅に切り、しょうがは千切りにする。豚肉は3㎝幅に切り、**A**を順にふる。

2 フライパンにごま油を入れて中火にかけ、しょうが、豚肉を炒め、白菜を加えてさらに炒める。**B**を加えて、しんなりするまで弱火で炒める。味をみて、足りなければ塩で味をととのえ、水溶き片栗粉をまわし入れて強めにとろみをつける。

3 鍋にたっぷりの湯を沸かし、稲庭うどんを表示時間通りに茹でる。流水で洗って水気をきる。

4 別の鍋で、かつお出汁を中火でひと煮立ちさせ、**C**を加える。**3**を入れて温める。

5 器に**4**を盛り、温めた**2**をのせる。

白菜の巣ごもり卵

朝ごはんにもぴったり。
すぐにできて、
体にやさしい一品。
くったりした白菜の甘味は、
冬ならではのおいしさです。

材料（2人分）
白菜…小1/6個
玉ねぎ…1/2個
ハム…2枚
卵…2個
バター…20g
塩…適量

1 白菜は1㎝幅に切る。玉ねぎは縦半分にしてから、繊維を断つように薄切りする。ハムは半分に切り、8㎜幅に切る。

2 鍋を弱火にかけてバターを溶かし、玉ねぎを加え、中火でさっと炒める。白菜を加えて炒め、しんなりしたらハムを加える。ふたをして、弱火で15分ほど蒸し煮にする。

3 塩で味をととのえ、卵を割り入れる。ふたをして、黄身が半熟になるまで蒸し煮にする。

グラタン

冬においしいグラタンは、懐かしい家庭の味。とくにホタテのグラタンは「母のグラタン」と名づけたいほど、思い出の味です。ホタテといっても、使うのは96ページと同様、またもや水煮の缶詰。これがいかにも昭和な感じですが、あなどることなかれ。この缶詰の水分が、うま味の素となり、いい味が出るのです。ですから、缶の汁を捨ててしまわないように！

懐かしの味のグラタンは、いつ食べてもホッとします。オーブンから出すとベシャメルソースとチーズがグツグツとして、見た目にもごちそうです。具も、芽キャベツやカリフラワー、白菜、里芋にカブ……。冬においしい野菜を、ベシャメルソースと合わせて熱々グツグツに。鶏肉やベーコン、豚ひき肉など、味の出るお肉を加えれば、味わいもボリュームも出ます。

グラタンは、もちろんメインのおかずになりますが、サイドディッシュにしても楽しいものです。ジャガイモだけのグラタンは、ベシャメルソースを作る必要もなく、牛乳で煮て生クリームとチーズをかけるだけ。ステーキや肉料理のつけ合わせにすると、シンプルながらもその素朴なおいしさに、思わず笑顔になるはずです。

グラタンの基本となるベシャメルソースは、バターと小麦粉、牛乳のシンプルな材料でできるので、ぜひ手作りを。こっくりとしたベシャメルソースの下に、旬のおいしさをしのばせて、冬の熱々グラタンを楽しんでください。ヤケドには気をつけて……。

ホタテのマカロニグラタン

ホタテ缶の
うま味が主役。
私の母の味です。

材料（2〜3人分）
ホタテの水煮（缶詰）
…1缶（180g）
マカロニ…80g
バター…30g
薄力粉…大さじ4
牛乳…400㎖
ローリエ…1枚
塩…適量
グリュイエールチーズなど
好みのチーズ…40g

1 鍋にバターを入れて弱火で溶かし、薄力粉を加え、粉っぽさがなくなるまで木べらで混ぜる。牛乳を少しずつ加えながらのばし、とろみをつけてホワイトソースを作る。

2 別の鍋にたっぷりの湯を沸かし、塩適量を加えてマカロニを入れ、表示時間通りに茹でて、ざるにあげる。

3 **1**に、ホタテの水煮缶を汁ごと加えて混ぜる。ローリエを加え、弱火で5分ほど煮て、塩で味をととのえ、ローリエを取り出す。

4 **2**を加えてざっと混ぜ、味をみて、足りなければ塩でととのえる。耐熱皿に入れてチーズを散らし、180℃に温めたオーブンかトースターで、焼き色がつき、グツグツしてくるまで15分ほど焼く。

ジャガイモのグラタン

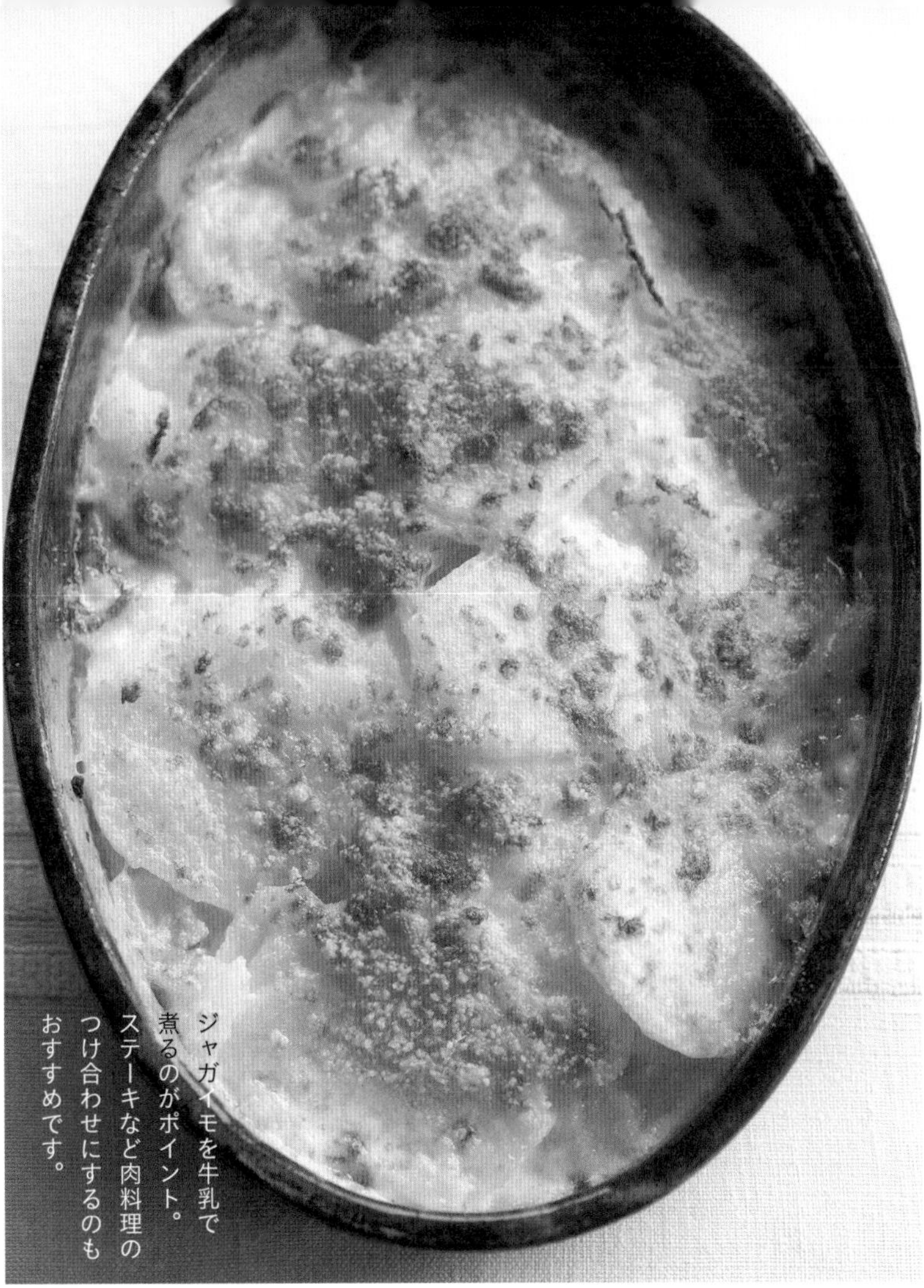

ジャガイモを牛乳で
煮るのがポイント。
ステーキなど肉料理の
つけ合わせにするのも
おすすめです。

材料（2〜3人分）
ジャガイモ（シンシアやメークインなど）…3個
A 牛乳…200㎖
ニンニク…1/6片
塩…少々
バター…少々
生クリーム…60㎖
塩…適量
パルミジャーノレッジャーノ…20g

1 ジャガイモは皮をむき、薄切りにする。水にさらし、しばらくおいてから、ざるにあげる。

2 鍋に**1**と**A**を入れて弱火にかけ、牛乳がこげないように時々混ぜながら、水分がほぼなくなるまで煮る。塩を加え、味をととのえる。

3 耐熱皿にバターを薄くぬり、**2**を平らになるように並べる。全体に生クリームをかけ、パルミジャーノレッジャーノを散らす。200℃に温めたオーブンかトースターで、焼き色がつき、グツグツしてくるまで10分ほど焼く。

カリフラワー

カリフラワーを生で食べたこと、ありますか？　小房にして茹でるというのが一般的だと思いますが、実は、その食べ方が一番もったいないかもしれません。というのは、もっとカリフラワーのおいしさを感じられる調理法があるからです！

そのひとつが、茹でずに火を通すこと。たとえば、蒸し煮。これも、カリフラワーの未知なおいしさを知ることができる方法です。そして究極は、生で食べる。生のカリフラワーの食感や味は想像がつかないかもしれませんが、コリコリとして、どこかキャベツの芯のような味わいです。生で食べる時は薄く切るか、細かくポロポロの形状にすると、おいしさを感じられると思います。

カリフラワーを薄く切って使うサラダは、もう何度となく作っている、私の定番レシピです。薄く切る時は、なるべくポロポロにならないように、茎からスライス。淡泊な味わいのカリフラワーに、香りの強いパセリ、甘いレーズン、塩気の役目を果たすケイパーやオリーブをからめるように合わせ、あとはオリーブオイルとレモン汁に粗塩、こしょうをするだけです。甘味や塩気、さまざまな食感がカリフラワーを取り巻き、めくるめく変身を遂げてくれます。

カリフラワーを薄切りにした時に、細かくポロポロと落ちた部分を使い、リゾットにするのもいいと思います。細かい、ということが大切で、お米と同じようなサイズ感がおいしさにつながるのです。お米に火が入る時に、カリフラワーにも火が入っていくのですが、食感を残したかったら最後のほうに、くったりとやわらかい食感が好みであれば、早めに加えます。火を通しすぎたような、クタクタ、とろとろのカリフラワーも、実はとても魅力があります。甘味が増し、トロンとやさしくて、冬の味覚にぴったりです。

あえて、いわせてもらいます。中途半端に茹でただけのカリフラワーが、一番おいしくありません。もっとおいしく食べてほしい！と切に願います。

カリフラワーとオリーブのサラダ

生のカリフラワーを薄切りに。ぎゅっと実の詰まったものを選ぶとおいしいです。

材料（2人分）
カリフラワー…½個
グリーンオリーブ（種なし）…12粒
パセリ…3〜4本
ケイパー…20g
レーズン…25g
オリーブオイル…大さじ2
A レモン汁…½個分
粗塩…適量
黒こしょう…適量

1 カリフラワーは小房に分け、ごく薄切りにする。グリーンオリーブは横3等分に切る。パセリ、ケイパーは、みじん切りにする。

2 ボウルに**1**とレーズンを入れ、オリーブオイルをまわしかける。**A**を順に加え、さっとあえる。

カリフラワーのリゾット

真っ白い色、
やわらかな食感が
印象的な
心と体にやさしい
リゾットです。
普通の日本米でも
作れます。

材料（2人分）

カリフラワー…小½個

A
- 玉ねぎ…⅓個
- ローリエ…1枚
- オリーブオイル…大さじ1

イタリア米…½合

B
- 水…200㎖
- 粗塩…小さじ1・½

水…200㎖

パルミジャーノレッジャーノ…15g

白こしょう…適量

1 カリフラワーは粗めのみじん切り、玉ねぎはみじん切りにする。

2 鍋に**A**を入れ、こげないように中火でよく炒める。イタリア米を加え、油分が全体にいきわたるまで炒める。

3 カリフラワーと**B**を加え、ざっと混ぜたらふたをして8分ほど煮る。

4 水100㎖を注いでざっと混ぜ、ふたをして5分ほど煮る。さらに水100㎖を注いで混ぜ、ふたをして7～8分煮る（水分量は米のかたさによって調節する）。

5 パルミジャーノレッジャーノを加え混ぜ、白こしょうをふる。

セリ

セリはなんともいえない、いい香り。きれいな小川で、そよそよと気持ちよさそうにセリが洗われている光景を見たことがあります。クレソンもしかりですが、香りのある野菜に共通するのは、清々しく、シャキッとしたおいしさです。

かつて、**セリは根を食べるもの**と、食通の方に聞いた時には衝撃でした。それまで葉と茎しか食べずに、根をバッサリと切り落としていたからです。驚きのあまり「根を食べるのですか？」とストレートに聞き返すと、鼻で笑われました。「あなた、セリの根を食べないでどこを食べているの？」といった具合に。それからというもの、せっせと根をていねいに洗い、おいしさを確かめるようになりました。早く憧れの大人になりたいというような気持ちで……。以来、セリは好物になりました。

セリの根は、鍋料理に使うのはもちろん、甘辛く炊いてふわりと卵とじ、なんていうのもオツ。根にこそセリのよさがあるわねぇ、なんて得意気になったりして。

　セリが出まわりはじめると、冬になったなぁ、と感じます。季節を感じられる野菜や果物があるのはいいものです。自分の好きな野菜や果物は、いつが本来の旬なのか知っておくのも楽しいですね。

私は、冬になると、鍋ものにたっぷりとセリを入れます。火が通ってもなお、シャキシャキとした歯ごたえがあり、鼻に抜ける香りも健在です。そして、生で食べるのも好みです。セリに、りんご、大根、白菜などの冬らしい素材を合わせたサラダは、乾燥した体に、瑞々しさがしみわたります。

　火を通しても、生でも、華やかな香りのセリは、食卓が地味になりがちな寒い冬の間に食したい素材です。

セリと鶏団子の鍋

青々とした
さわやかな香りの
セリを楽しむための
鍋料理。
火を通しすぎないのが
コツです。

材料（作りやすい分量）
セリ… 2束
ゴボウ… 1本
鶏ももひき肉… 300g
A しょうがのしぼり汁… 大1片分
塩… 適量
豆乳… 100㎖
B かつお出汁… 1200㎖
酒… 大さじ2
しょうゆ… 小さじ2
塩… 小さじ2

1 鶏ひき肉に**A**を加え、練り混ぜる。豆乳を3〜4回に分けて加え、そのつど、よく練る。

2 セリは5〜6等分の長さに切る。ゴボウは皮をこそげ、ピーラーで細長く削って酢水（分量外）にさらし、ざるにあげる。

3 土鍋に**B**を入れて中火でひと煮立ちさせ、**1**をスプーンで丸めながら落とす。沸騰したら、あくを取り除く。

4 ゴボウを加えて火を通し、最後にセリを加え、さっと火を通す。

セリとリンゴのサラダ

シャキシャキとした
食感がおいしい、
冬の食卓が
華やかになるサラダです。
時間がたつと水っぽくなるので、
食べる直前にあえます。

材料（4人分）
セリ…2束
大根…1/10本
リンゴ…1個
A 米酢…大さじ1・1/2
ハチミツ…小さじ1〜2
粗塩…適量

1 セリは長さ3〜4cmに、大根は5mm幅の棒状に切る。リンゴは皮つきのまま8等分のくし切りにして芯を取り、横に薄切りにする。
2 ボウルに**1**を合わせて**A**を加え、あえる。

餃子

子どもの頃は、餃子が大嫌いでした。しかし、父の好物だったこともあり、週末になると餃子が頻繁に食卓に上りました。私にとっては、憂鬱な土曜の晩ごはん最上位。週末の昼ごはんも、父のリクエストでうどんが多かったのですが、子ども時代の私はうどんが大嫌いだったので、土曜の食事の時間はいつも、この世の終わりのような気分でした。

ところがいまや、大がつくほど餃子好き。献立に困った時は、餃子にしちゃおう！　というくらい、率先して餃子と向き合っています。いつからこんなに好きになったのかはわかりませんが、とにかく餃子は偉大です。こうでなくちゃいけないっていうことがない、すべて包み込んでくれるのですから。そう、包容力があるわけです。

餃子には、中身をいろいろ試してみる面白さがあります。とくに水餃子は、なんでも受け止めてくれます。小松菜やクレソンなど、葉ものとの相性もよく、キクラゲやナッツなど歯ごたえのあるものも大いにＯＫです。肉も、なんでこんな少しだけ残っているの？というような半端な量でも、野菜をたっぷり刻んで加えれば十分足ります。水餃子は、一品足りない時にも重宝。茹でる時に、白菜やキャベツを加えると、茹で汁がそのままスープにもなります。

焼き餃子は、基本の具に足し算、引き算、掛け算すれば、味わいもいろいろ変わります。どんな具の時でも、隠し味に味噌を入れるのが、渡辺家の決まり。母の餃子にはいつも味噌が入っていて、作り方を台所で見ながら覚えました。

当時、餃子嫌いでしたが、作るのは好きでした。うまく包めるとうれしかったものです。自分で包んだ餃子を、祖父や父に食べてほしいと思っていましたっけ。子どもは、自分で作ったものは、好奇心や探求心が手伝って進んで食べたりするものですよね。子どもと一緒に作って食べるというのも、家庭料理のよさ。そう思うと、餃子は最高の家庭料理といえるかもしれません。

小松菜と豚肉の水餃子

餃子と一緒に
白菜も茹でて、
茹で汁ごと
器に盛ります。
好みで、
酢やしょうゆを
添えてください。

材料（20個分）
餃子の皮…20枚
豚バラ肉…120g
小松菜…⅓束
A しょうが…1片
塩…小さじ¼
酒…小さじ1
砂糖…小さじ1
しょうゆ…小さじ1
ごま油…小さじ1
白菜…適量

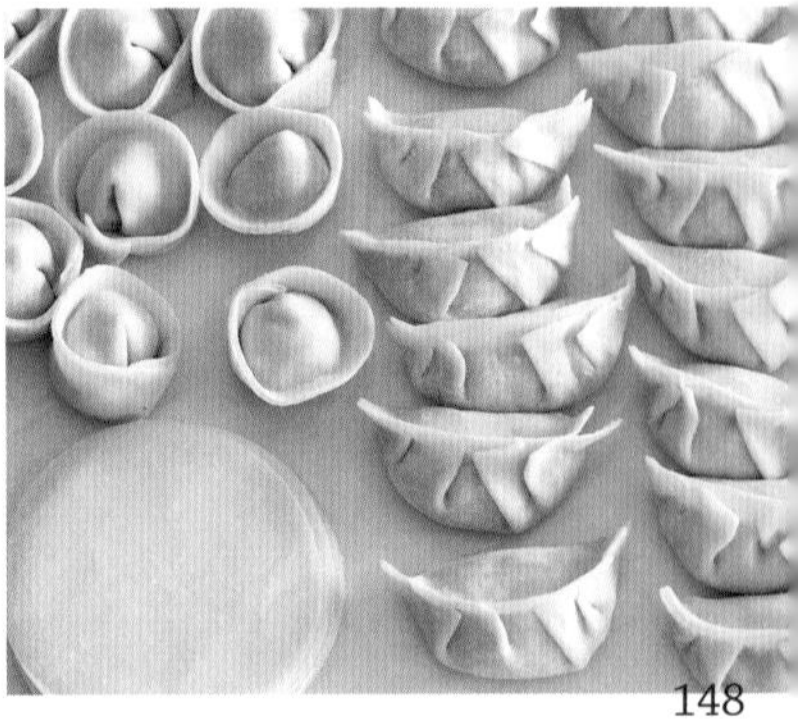

1 小松菜はみじん切りにする。
2 しょうがはすりおろす。
3 豚肉は細かく切り、包丁でたたいてからボウルに入れ、**A**を順に加え、菜箸で混ぜる。**1**を加えてさらに混ぜ、ごま油を加え、混ぜ合わせる。
4 餃子の皮の中央に**3**をのせて半分にたたみ、両端を合わせて、水をつけてとめる。
5 鍋にたっぷりの湯を沸かし、ひと口大にちぎった白菜をしんなりするまで茹で、**4**を加える。餃子が浮いてきてからさらに1分ほど茹でる。

焼き餃子

カリッと焼けた皮が、
たまりません。
餃子の具は、
家族みんなで包むのも
楽しいものです。

材料（20個分）
- 餃子の皮…20枚
- 豚バラ肉…200g
- キャベツ…3枚
- ニラ…6茎
- しいたけ…3枚
- しょうが…1片
- ニンニク…1片
- **A**
  - 塩…小さじ1
  - 酒…小さじ1
  - 砂糖…小さじ1
  - 味噌…小さじ1
  - しょうゆ…各小さじ1
  - ごま油…小さじ2
- 湯…80mℓ
- 米油…大さじ1
- ごま油…大さじ1

1 キャベツはさっと茹でてざるにあげ、みじん切りにしてさらに水気をしぼる。ニラ、しいたけはみじん切りにする。しょうが、ニンニクはすりおろす。

2 豚肉は細かく切り、包丁でたたいてからボウルに入れ、**1**を加え混ぜる。**A**を順に加え、そのつど、よく練る。

3 餃子の皮の中央に**2**をのせ、皮の端に水をつけてひだを寄せ、包む。

4 フライパンに米油を入れて強火で熱し、**3**を並べる。分量の湯を上からかぶるように注いでふたをし、水分がほぼなくなるまで蒸し焼きにする。ふたを取り、ごま油を鍋肌からまわし入れ、フライパン全体を揺すりながら焼き目をつける。

タラ

冬の魚といえば、真っ先に思い浮かぶのが、タラ。食感がふわり、しっとりとして、寒い季節にやさしく寄り添ってくれるよう。脂がのっていて、肉質の淡泊さと裏腹に濃厚さを十分に感じます。

母の料理で思い出すのは湯豆腐です。料理といえるのかどうかというほど簡単なものですが、豆腐とタラの切り身を昆布出汁と一緒に土鍋でクツクツ。土鍋の中央には細かくきざんだ長ねぎに、たっぷりの削り節としょうゆを加えたタレが小さな器ごと入って温まっていました。これがわが家の冬の定番で、このタレとタラがからまると、なんともおいしかったのを覚えています。

でも、自分でこの湯豆腐を作るかというと……。子どもの頃の思い出の味にとどめています。タラには、茹でる以外にもおいしい食べ方があるからです。それが、揚げもの。タラの脂に、油を重ねてみたいと思います。こうして文字にすると、しつこいイメージになってしまいますが、味わうと納得してもらえるはずです。

まずは、春巻き。いわゆる中華の具だくさんのものではなく、「季節を包む」といったシンプルな春巻きです。春ならアスパラ、初夏にはそら豆、というように、季節の味や香りを春巻きの皮を使って閉じ込めるといった具合です。冬にはカリフラワーとゆず、なんていうのもわが家の定番なのですが、タラも春巻きと相性のいい素材です。タラだけではおいしさにつながらないので、梅干しとチーズに、ひと役かってもらおうと思います。チーズ入りは小さな子ども向け、梅干し入りは大人向けに白身魚のスナックのような一品です。ハフハフしながらおやつ感覚、おつまみ感覚。小さめに包むのが、おいしさのポイントです。

もうひとつは、イギリス料理のフィッシュアンドチップスのような魚のフリット。タラのしっとりとした身に、ふわっ、カリッとした衣をまとわせて仕上げます。ビネガーをかけてさっぱりとさせてもおいしいです。これもぜひ、熱々の揚げたてを食べてください。

タラの春巻き

春巻きの皮に
青じそ、
タラをのせて、
さらにチーズか
梅肉を加えて
巻きます。
サクッとした
食感も美味。

材料（2人分・8個分）
タラの切り身…2切れ
青じそ…8枚
梅肉（たたいておく）…1粒分
エメンタールチーズ…20g
春巻きの皮…8枚
薄力粉…小さじ1（小さじ1の水で溶く）
米油…適量
塩…適量

1 タラは塩をふって、出てきた水気をペーパーでふき取り、4等分に切る。

2 春巻きの皮に、青じそ1枚と、**1**を1切れ置く。8個のうち4個に4等分にした梅肉を、残りの4個に4等分に切ったエメンタールチーズをのせる。それぞれタラのサイズに合わせて折りたたみながら、平らな四角にして包む。ふちに水溶き薄力粉を塗ってとめる。

3 フライパンに米油を入れて、やや高めの中温に熱し、**2**を色よく揚げる。

タラのフリット

お酒に合う、
食べごたえのある一品。
タラとクミンが、
驚くほどよく合います。
衣が残ったら、
カリフラワーや
しいたけなどを
一緒に揚げても。

材料（2人分）
タラの切り身…2切れ
A 薄力粉…30g
コーンスターチ…25g
ベーキングパウダー…小さじ1/4
B クミンシード…小さじ1/4
チリパウダー…1つまみ
ビール…60㎖
揚げ油…適量
塩…適量
粗塩…適量
レモン…適量

1 Aの粉類とビールは、冷蔵庫で冷やしておく。

2 タラは塩をふって、出てきた水気をペーパーでふき取り、3〜4等分に切る。

3 ボウルにA、Bを入れ、ビールを注いで、ざっと混ぜる。

4 フライパンに揚げ油を入れて中温に熱し、**2**に**3**の衣をつけて入れ、色よく揚げる。油をしっかりきって器に盛り、粗塩をふって、くし切りのレモンを添える。

グリルチキン

そろそろホリデーシーズン！　とウキウキするようになったのは大人になってからです。自分でチキンを焼いたり、おせち料理を作ったりすることで、クリスマスやお正月を楽しめるようになりました。というのも、子どもの頃はツリーの飾りつけをしたことはなく、24日も25日も、普段通りのごはんだったからです。お正月も、父の前で正座をして一年の抱負を表明するのが決まりで、楽しく感じたことはありませんでした。と、暗い話はこのくらいにして……。

人が集まることの増える年末年始は、普段は作らない、見た目も華やかな料理に挑戦できるチャンスです。自分も楽しみながら皆にも喜んでもらえるなんて、こんなにうれしいことはありませんね。ハードルが高そうなグリルチキンですが、作るのは意外にも簡単です。丸鶏のおなかに、お米やパン、鮮やかな色合いの野菜を詰めて焼くのも楽しいですが、簡単にするなら、香味のハーブやニンニク、レモンなどを詰めるだけでも十分。

おいしさの決め手は、ツヤツヤ、パリパリの皮。表面の皮はパーン！　と張って、中はしっとり、が理想です。焼いている間に皮が弾けてしまわないように、しっかり油をぬることが大事です。途中、鶏から出た脂を表面にかけながら、ていねいに焼くといいですね。しっとりジュワーッとしたチキンは、やはり丸鶏ならではです。オーブンに入れておくだけでこんなにおいしくなるならば、いつでも作りたくなってしまいます。

焼きたてを頬張るもよし、残ったらチキンサラダにするもよし。フレンチマスタードで作ったドレッシングにセロリやオレンジを加えると、見た目に鮮やか、特別感のあるサラダに仕上がります。バゲットにはさんで、サンドイッチにしてもおいしいです。こんなに簡単にできるの？　となれば、ホリデーシーズンだけでなく、友人が来る日や週末の食卓に登場させてもいいですね。

グリルチキン

切り分ける瞬間、
歓声が上がります。
クリスマスが
忘れられない日になる
料理です。

材料（作りやすい分量）
丸鶏…1羽
ジャガイモ…小6個
小玉ねぎ…8個
A セロリ…1本
タイム…5〜6本
レモン…½個
ニンニク…1〜2片
オリーブオイル…適量
粗塩…小さじ2

1 ジャガイモは皮つきのまま下茹でして、半分に切る。セロリは3等分に切る。レモンは皮をむいて輪切りにする。

2 丸鶏の内側と外側に粗塩をすり込み、内側にオリーブオイルを薄くぬる。中に**A**を入れ、ようじで口をとめる。外側にも、手でていねいにオリーブオイルをぬる。

3 天板に**2**と、ジャガイモ、小玉ねぎを皮つきのままのせ、200℃に温めたオーブンで1時間半ほど焼く。

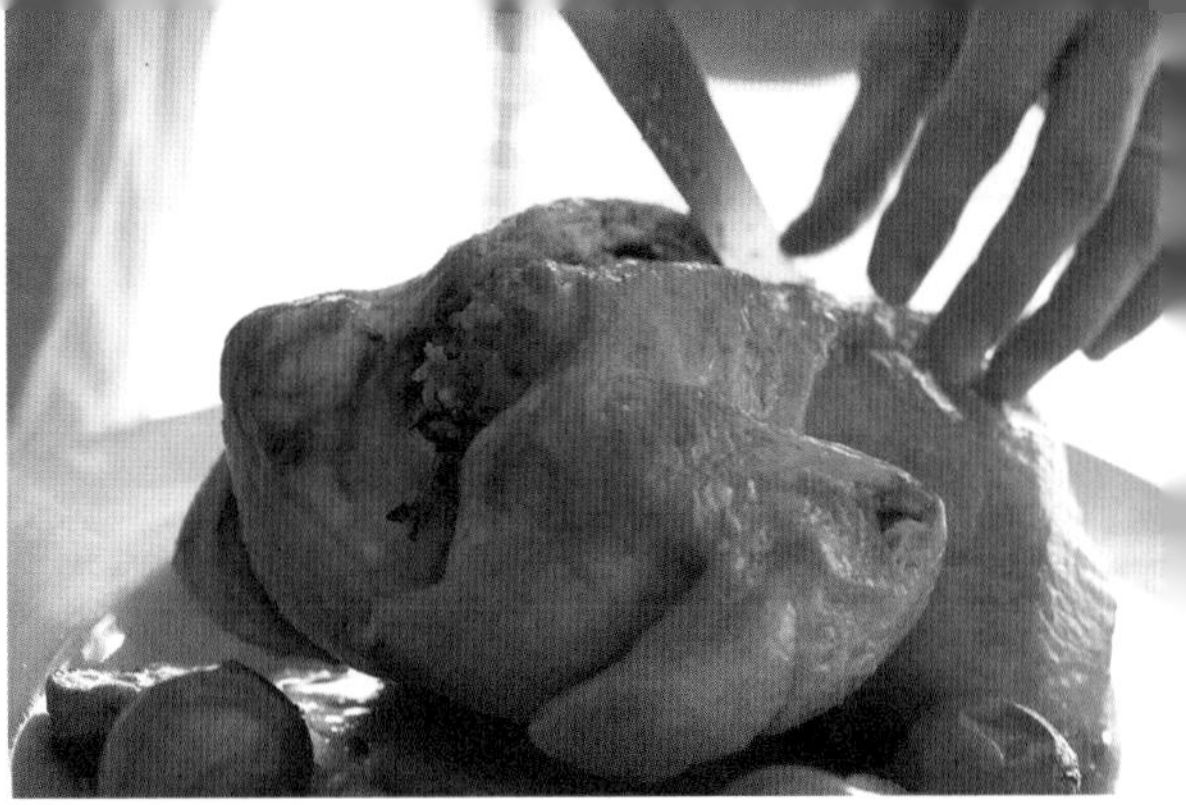

チキンサラダ

グリルチキンが残ったら、
サラダにしても。
チキンを手で裂くことで、
ドレッシングが
からみやすくなります。

材料（作りやすい分量）
グリルチキン…1/4羽分
赤玉ねぎ…1/6個
セロリの茎…1本
オレンジ…1個
A フレンチマスタード…大さじ1
赤ワインビネガー…小さじ2
オリーブオイル…大さじ2
塩…適量
黒こしょう…適量

1 赤玉ねぎを薄切りにして塩水（分量外）にさらし、ざるにあげて水気をきる。セロリは筋を取り、斜め薄切りにする。グリルチキンは食べやすい大きさに裂く。

2 オレンジは皮をむいて果肉を切り出し、残ったオレンジの薄皮から果汁をしぼる。

3 ボウルに**A**、**2**の果汁を入れ、よく混ぜる。**1**、**2**の果肉を加え、ざっと混ぜる。

4 器に盛り、黒こしょうをふる。

おつまみ

年末年始。いつもは仕事で帰りが遅いお父さんのために、お酒に合うものを作って、家でゆっくり過ごしてもらう。友人との持ち寄り会に、気軽に作れて、ちょっとした前菜になるものを持っていく。そんなことができるのが、おつまみだと思います。凝ったものではなく、この時季にそろえられる材料でできるものがいいですよね。

それにしても、前菜とおつまみの違いって、なんなのでしょうね。私はお酒はそんなに飲みませんが、作る料理に対して「お酒に合いそうですね」とよくいわれます。そうかしら？ と自分では思うのですが、たしかに白いごはんに合う料理というよりは、前菜、もしくはおつまみに向くのかもしれません。こういう料理のよいところは、遊び心を発揮できるところ。「これとこれを合わせてみようかな」とか、「白いごはんには合わないけれど、好きな素材、たとえば干し柿やナッツを使ってみよう」とか。まずは素材の組み合わせで遊んでみます。**メインの料理、おかずではできないことをしてみると**

いう感覚です。甘くないおやつを作る、といったところでしょうか。

家で作るおつまみは、箸休めや前菜にもなりますから、お酒が進むように塩気を強めに利かせるなんていうことはせずに、塩気は隠れる程度につけたいところ。味噌をうまく使うのもおすすめです。ペーストにした里芋に味噌をまだらに混ぜると、ちょっとしょっぱいところとあっさりしているところがあって、味の面白さを感じます。味噌を焼いてから混ぜても、おつまみ感が増してよいものです。

乾物も、おつまみに取り入れやすいもののひとつ。干し大根は煮ることが多いかもしれませんが、おつまみにするなら、お湯でもどしてパリパリ感を楽しみます。ハチミツレモンのような甘酸っぱさがよく合うので、レモンをゆずに替えて大人な味わいにしてみると、なんだか小料理屋さんで出てきそうな気の利いたひと皿になります。たまには家でおつまみを作って飲むと会話もはずみ、ゆっくり過ごせそうですね。

里芋とアーモンドのハーブあえ

味噌は均等ではなく、
まだらにあえるのがポイント。
ナッツをたっぷり入れると、
お酒に合う味わいになります。

材料（作りやすい分量）
里芋…大3個
味噌…小さじ2・1/3
A アーモンド…30g
ディル…1〜2本
チャービル…1〜2本

1 里芋は皮つきのまま、やわらかくなるまで蒸す。熱いうちに皮をむき、水気をペーパーでふいてボウルに入れ、木べらなどでなめらかになるまでつぶす。

2 アーモンドはフライパンで弱火でから炒りし、横3等分に切る。ディル、チャービルはやわらかい葉の部分を摘み、刻む。

3 **1**に味噌を加えて軽くあえ、さらに**A**を加え、ざっとあえる。

干し大根と干し柿のゆずあえ

大根のカリコリとした食感に
ゆずの香り。
だれもが喜ぶ味です。

材料（作りやすい分量）
干し大根（輪切り）… 45g
干し柿（あんぽ柿）… 1個
ゆず… 1個
ハチミツ… 小さじ2
粗塩… ふたつまみ

1 干し大根は湯に20分ほどつけてもどし、水気をしぼる。干し柿は縦横4等分に切る。

2 ゆずは皮⅓個分を細切りにし、1個分の果汁をしぼる。

3 ボウルに干し大根を入れて粗塩をふり、なじませる。**2**の果汁、ハチミツを加えてよくあえ、干し柿、ゆずの皮も加え、さっとあえる。

餅

「お餅は別腹」という名言を残した友人がいます。おなかにかなり余裕をもたせておかないとダメなような気もしますが、お餅は私も大好きです。お正月のお雑煮だけではお餅欲は満たされず、普段からおいしそうな切り餅を見つけると、つい買ってしまいます。

網で焼き、しょうゆをさっとからめ、パリッと炙った海苔を巻いて食べる磯辺焼き。これを頬張った時には、日本人でよかったなぁと目を細めてしまいます。また、きな粉餅にする場合は、茹で餅（絶妙にやわらかすぎず、かたいところがないように茹でます）を、きな粉に着地させるのが好みです。

お雑煮、磯辺焼き、きな粉餅といった定番だけではなく、お餅を料理に使ってみるのも楽しい試み。そのひとつが、揚げ餅のあんかけ。乾燥したお餅を揚げるかき餅は、鏡開きの楽しみのひとつです。乾燥させなくても、お餅は揚げられます。切り餅をさらに小さくカットして、少ない油で揚げていくとプクッと膨らむので、カリカリの部分ともっちりの部分ができます。あまりゆっくり揚げていると、中身が全部出てしまうこともあるので気をつけましょう。高温でパッと短時間に、がポイントでしょうか。

揚げ餅には、海老あんも、しょうがあんもよく合います。熱々のあんかけに大根おろしを添えると、上品な一品に仕上がります。寒い季節にぜひ、お試しを。

さらに変わり種の餅料理をもう一品。お餅とトマトの卵炒めです。こちらは中国料理のイメージ。「猫耳」という中華の粉ものがあるのですが、手打ちのショートパスタのようにもちもちとしていて、火が入ったトマトとよく合います。その食感を、お餅で作ります。やわらかくなるまでお餅に火を通しますが、溶けてしまわないように気をつけます。具も味つけもシンプル、新しい感覚の一品です。

どちらの料理も、作りたて熱々のうちに食べてくださいね。年末年始、お餅が家にたくさんある時季に、試してみてほしい料理です。

揚げ餅の海老あんかけ

お餅を高温で
パッと揚げると、
カリッとした外側と
もっちりした
内側の食感が
楽しめます。

材料（2人分）
切り餅…2個
むき海老（小）…100g
しょうが…1片
A 水…180㎖
酒…小さじ2
塩…2つまみ
片栗粉…小さじ2
（小さじ4の水で溶く）
ごま油、揚げ油…各適量
大根おろし…適量

1 切り餅は半分に切る。海老は塩水（分量外）で洗い、水気をふいて3等分に、しょうがは千切りにする。

2 鍋にごま油としょうがを入れて中火で熱し、海老を入れて炒める。**A**を加えて、ふつふつとしてきたら3〜4分、火を通す。

3 小さめのフライパンに揚げ油を入れて高温に熱し、餅を入れて、キツネ色になるまでさっと揚げる。

4 **2**を温め、水溶き片栗粉をまわし入れてとろみをつける。

5 器に**3**を盛り、**4**のあんをかけ、大根おろしを添える。

餅とトマトの卵炒め

お餅を
ショートパスタに
見立てて、
卵、トマトと
炒め合わせます。
家によくある食材で
さっと作れる、
年末年始など
忙しい季節に
ぴったりのひと品。

材料（2〜3人分）
切り餅…2個
トマト…2個
長ねぎ…1/3本
ニンニク…1/4片
卵…2個
A 酒…小さじ2
しょうゆ…小さじ2
塩…2つまみ
ごま油…小さじ2

1 切り餅は8等分に切る。トマトはへたを取って6等分のくし切りにし、さらに横半分に切る。長ねぎは小さめの乱切りにする。ニンニクはみじん切りにする。

2 フライパンにごま油とニンニクを入れて中火で熱し、長ねぎを加えてさっと炒め、切り餅を加えて弱火で焼く。

3 お餅に火が通ってきたらトマトを加えてざっと炒め、**A**を加えて、トマトが少しくずれるまでさらに炒める。

4 卵を溶いてまわし入れ、さっと火を通し、半熟状態に仕上げる。

煮込み

私は昔からウインタースポーツは苦手で、家の中でぬくぬくしていたいタイプです。長く寒い冬は、家の中での時間を楽しむチャンス。厚手の鍋を出して小豆を炊いたり、塊肉を煮込んだり、おでんを仕込んだり。乾燥している日、鍋から湯気が立ち、キッチン中にしっとりとおいしい空気が流れる……。想像するだけでも、体が温まってくるようです。煮込み料理は、湯気はもちろん、コトコト、クツクツといった音もごちそうです。そんなふうに考えると、寒い冬が少し、嫌ではなくなるかもしれません。

そんな季節にぜひ作ってほしいのは、塊肉の煮込み。塊肉は、十分な時間をかけて煮込むと、どこまでもやわらかくなります。まさに、時間がおいしくしてくれる魔法。ドライフルーツを、コクや味出しの素材として調味料のように使うと、ソースが甘酸っぱく、こっくりと煮込まれたとろみにもつながります。慣れてきたら、ローリエやシナモンなどスパイスをプラスしてみるのもおすすめ。特別な日の料理にも向きます。

日々の煮込み料理の代表として、おでんも欠かせません。おでんはなぜ、どんな具材を入れても、煮込んでいる時から、おでんのいい匂いと味になるのでしょうか……。そもそも、おでんの素なんて使わなくても、おいしくできます。昆布と塩、あとはお好みの具材を下ごしらえして、煮込むだけです。

下茹でした大根や、茹で卵、油揚げに餅を入れた巾着、最近はトマトも定番になりましたね。練りものも魅力ですが、家にあるものでシンプルに仕上げても、立派なおでんになります。里芋も、わが家のおでんの定番です。ねっとりしっとりと味のしみた里芋、おいしいですよ。それぞれの家庭の定番おでんを見られたら、面白そうですね。

牛すね肉とドライフルーツの煮込み

材料（作りやすい分量）
牛すね肉塊肉…450g
A
玉ねぎ…1個
ニンジン…大½本
セロリの茎…½本
B
赤ワイン…60㎖
イタリアンパセリ…2〜3本
ディル…2〜3本
C
水…500㎖
ドライプルーン…6個
ドライアプリコット…4個
粗塩…適量
ニンニク…½片
オリーブオイル…大さじ1
粗塩、黒こしょう…各適量

ドライフルーツが調味料。
やさしい酸味が
生まれます。
やわらかな牛すね肉と
よく合う、
深みのある味わいです。

1 玉ねぎは縦4等分にしてから、繊維を断つように薄切りにする。ニンジンは縦半分にしてから、斜め薄切りにする。セロリは筋を取って斜め薄切りに、ニンニクはつぶす。牛肉は4〜6等分に切り、粗塩、黒こしょうをふる。

2 厚手の鍋にオリーブオイルとニンニクを入れて中火で熱し、**A**を入れて、しんなりするまで炒める。牛肉を加え、焼き目がつくように強火で焼く。

3 **B**を加えてひと煮立ちしたらふたをし、弱火にして20分ほど煮る。**C**を加え、牛すね肉がやわらかくなるまで1時間半ほど煮込み、塩、黒こしょうで味をととのえる。

シンプルおでん

家によくあるもので
仕込むおでん。
シンプルで、
しみじみおいしい。

材料（作りやすい分量）
大根…1/3本
里芋…4個
トマト…小4個
卵…4個
油揚げ…2枚
切り餅…2個
かんぴょう…適量
A 水…1400㎖
　結び昆布…6本
B 酒…大さじ2
　塩…小さじ2

1 大根は2.5㎝幅の輪切りにし、厚めに皮をむいて面取りをし、20分ほど下茹でする。
2 里芋は皮をむき、塩水（分量外）で洗ってぬめりを取って串に刺す。卵は沸騰した湯で8分茹で、殻をむく。
3 かんぴょうは塩でもみ、水につけてもどす。油揚げは上から菜箸を転がすようにしてしごき、油抜きをする。横半分に切って袋状に開き、半分にした切り餅を中に入れる。適当な長さに切ったかんぴょうで口を結ぶ。
4 トマトはへたを取り、湯むきする。
5 鍋に**A**と**1**を入れて中火にかけ、ひと煮立ちしたら**B**、**2**、**3**を加え、1時間ほど煮込む。**4**を加え、味がしみ込むまで煮る。

土鍋料理

土鍋は本当に優れた道具だと思います。火を止めてからもグツグツと熱さを保ち、なんとも食欲をそそります。テーブルに運べば大鉢のような器にもなり、鍋料理はもちろんのこと、炊き込みごはんを炊いてもバッチリ！　ほわっと、しっとりと炊けるので、それだけでごちそうになります。**私はいわゆる〝五目〟の炊き込みごはんは作らず、季節の素材を炊き込みごはんにします。**具の組み合わせを楽しむもので、シンプルなところによさがあります。

季節の変わり目には、そこまでやってきている春を感じつつ、冬の名残を組み合わせた炊き込みごはんを作ります。春の素材は、鯛。鯛は昔から〝鯛飯〟があるように、お米との相性は抜群。最近、手頃な価格で手に入るようになったと感じます。冬の名残の素材は、ゆり根と、ゆず。どちらも好物なので、旬の終わりかけのギリギリまで使いたくなります。ゆり根は炊くことでほっくりとし、甘味を感じます。ゆずは、いわずもがな。この香りは、まさしく唯一無二。

淡泊な鯛と、甘味のゆり根、香りのゆず。お米は、それらすべてをつなげます。これを作る時はもちろん、土鍋の出番。そのまま食卓に出せるよさもありますが、土鍋の懐の深さを借りて、ごちそう感を引き立ててもらうのです。そして、「ジャーン！」とふたを開けた時に聞ける歓声は、作った人へのごほうびです。

土鍋は土鍋でも、韓国の土鍋「トゥッペギ」を使った料理もおすすめ。グツグツグツグツ！ もうこれでもかというほどグツグツさせた、やけど必至の汁ものが似合います。この季節は、ひとり鍋といった、銘々で使う大きさの土鍋を使い、韓国料理をイメージして、キムチ、豚肉、納豆、アサリ、大根を使った、体が温まるスープを作ります。具だくさんの味噌汁のようなスープで、具にもおいしさが詰まっています。味噌汁の味噌は煮立ててはいけないというのが基本ですが、このスープはとにかくグツグツ煮るのがポイント。煮立てることで、うま味を凝縮させます。

大根と納豆のスープ

体が温まり、元気が出る
滋味あふれるスープ。
納豆はうま味の要なので、
必ず入れてください。
最初から最後まで
強火で仕上げて、
味を凝縮させます。

材料（2〜3人分）
豚バラ肉（薄切り）…80g
アサリ（殻つき）…250g
大根…1/8本
長ねぎ…1/3本
粗びき赤唐辛子…大さじ1/2
酒…大さじ1
湯…500mℓ
A 白菜キムチ…80g
納豆…1パック
味噌…大さじ1
しょうゆ…小さじ2
ごま油…小さじ2

1 アサリは海水程度の塩水（分量外）につけ、砂抜きをする。

2 豚肉は2㎝幅に切る。大根は3㎜幅のいちょう切りに、長ねぎは小口切りにする。白菜キムチは粗めのみじん切りにする。

3 鍋にごま油を入れて強火で熱し、長ねぎ、粗びき赤唐辛子を入れ、よく炒める。豚肉、アサリを加えて炒め、酒をふってふたをする。アサリが開いたら分量の湯を注ぎ、大根を加える。しっかり煮立たせ、大根がやわらかくなったら**A**を加え、さらに5分ほど煮る。

鯛とゆり根の炊き込みごはん

ゆり根をたっぷり散らし、
土鍋で炊き上げます。
炊き上がったら
鯛の骨を取り除き、
さっくりと混ぜ合わせて。

材料（作りやすい分量）
鯛…1尾
ゆり根…1個
しょうが…1片
米…2合
かつお出汁…360㎖
A 酒…大さじ1
しょうゆ…小さじ1
塩…小さじ½
塩…少々
ゆずの皮…適量

1 米はといでざるにあげ、土鍋に入れる。かつお出汁を注ぎ、30分ほどおく。

2 ゆり根は1片ずつはがして流水で洗い、茶色い部分は削ぐ。しょうがは千切りにする。

3 鯛は鱗と内臓を取り除き、塩をふって、水気が出てきたらペーパーで押さえ、再度、軽く塩をふる。

4 **1**に**A**を加えてざっと混ぜ、**2**を散らし、**3**をのせる。ふたをして強火にかけ、蒸気が上がったら弱火にし、20分ほど炊く。火を止め、10分ほど蒸らす。

5 鯛の骨を取り除き、身をほぐして全体をさっくりと混ぜ、細切りにしたゆずの皮を散らす。

本の中で紹介した料理

春

夏

秋

冬

渡辺有子

料理家。旬の素材の味を生かしたシンプルな料理で人気。センスある着こなしや暮らしぶりも注目されている。アトリエ「FOOD FOR THOUGHT」で料理教室やイベントを開催。東京・代々木上原と西荻窪に、同名のショップを開いている。

撮影　馬場わかな
デザイン　渡部浩美
校閲　小森里美
編集協力　北澤知佳子
編集　森 水穂

渡辺有子の家庭料理

著者　渡辺有子
編集人　森 水穂
発行人　倉次辰男
発行所　株式会社 主婦と生活社
〒104-8357 東京都中央区京橋3-5-7
編集部 ☎03-3563-5191
販売部 ☎03-3563-5121
生産部 ☎03-3563-5125
http://www.shufu.co.jp
製版所　東京カラーフォト・プロセス株式会社
印刷所　太陽印刷工業株式会社
製本所　株式会社若林製本工場
ISBN　978-4-391-15460-3

※この本の内容は、雑誌『天然生活』に連載していた「家庭料理＋小さな工夫」に加筆、修正をしたものです
※十分に気をつけて造本していますが、万一、乱丁、落丁があった場合は、お買い上げになった書店か、小社生産部（☎03-3563-5125）へご連絡ください。お取り替えいたします。